解鎖生命的
和解清單

學會與這個世界和好，走出堅定且從容的人生

目錄

世界無限，是你的認知有限
── 與世界和解的智慧

一半煙火以謀生，一半煙火以謀愛
── 與親密關係的和解智慧

只有曾經的努力搬磚，才有日後的以夢為馬
—— 獲得財務自由的智慧

共情與共生，自由而獨立
—— 與群體和解的智慧

天晴的時候晒太陽，天陰的時候喝奶茶
—— 與生活萬物和解的智慧

結語：溫暖而光亮，堅定且從容

開篇

　　此書動筆之時，恰逢全人類正籠罩在疫情肆虐的陰影下，整個世界面臨著疫情之下共同命運的各國如何彼此和解之大命題；對個人來講，我也剛剛告別傳統的職業生涯，面臨未來人生路上將如何與自我和解的小命題。我本以為完成這個選題應該是件很容易的事，直到完成的今天，我不得不說與自己和解這個看似簡單、樸素的話題其實一點都不簡單，因為我們在談除自己之外的任何話題時都會侃侃而論，唯獨在談與自己相關的命題時，才會顧左右而言他，事實上，面對真實的自己時，需要極大的勇氣與誠實，而這是最難的地方。還有些時候，我們不是沒有勇氣，也不是不誠實，而是我們真的不知道該怎麼做才能與自己和解，如果與自己和解那麼容易，就不會有那麼多與自己、與他人、與這個世界較勁的時刻，不會有那麼多心靈的掙扎和糾結，更不會有那麼多焦慮不安的情緒，每個人或許都能像高僧、耶穌般的慈悲和頓悟了。

　　唐僧在取得真經之前經歷了九九八十一難的故事告訴我們，每個人在與自我和解之前，都要經歷人生之路上無數的考驗與修煉，不論是身修還是心修。梵谷在與自己和解之前曾與原生家庭決裂，做過牧師、當過學徒，受父母之命在顯貴的叔

父畫廊中擬成為梵谷家族的財富繼承人，但貴族學校的教育，上流社會敞開的擁抱都沒有澆滅他內心燃燒著的那團火，這團火讓他如飛蛾撲火般的亂闖亂撞，不諳人間糾纏，不明人心複雜，甚至不懂友誼分寸，直到他拿起畫筆在畫布上肆意揮灑，在給弟弟提奧 651 封信裡盡情的在文學、藝術、繪畫的世界裡翱翔，他躁動的內心方漸漸平靜下來，目光裡的焰火才有了承載的方向，找到了與自己和解的方式；高更在去大溪地之前一直過著體面的生活，有著高薪的工作、幸福的家庭、溫柔的賢妻、可愛的孩子，但是他內心那個真實的自己一直在推動著他、折磨著他，讓他放棄了當下的一切，奮不顧身的跑去了法國的亞爾，去與梵谷一起畫亞爾的天空，亞爾的橋，亞爾的太陽，然而，兩個天才注定是無法在現實生活中和平相處的，沒有人會輕易的妥協，他們為藝術的實踐和繪畫技法大吵，僅僅過了 62 天就分崩離析，他們都被自己內心的那團火牽引著，梵谷留在了亞爾繼續畫他的向日葵，用 37 歲的生命燃燒出了世界上最美、最特別的向日葵；高更則去了大溪地，直到他深入的與原住民生活在一起，他終於找到了與自己、與世界和解的方式。彼時，梵谷離世 3 年之際，高更的兒子也先離他而去。兩個天才，都在與自己徹底的和解之後給世人留下了大量的傑作：一個給世界留下了永恆的《向日葵》；一個給世界留下了永恆的哲思《我們從哪裡來？我們是誰？我們要到哪裡去？》。你看，與自己和解之路是多麼的漫長而不易。

或許你會說，這是天才的自我和解之路，而我只是個凡人。那麼，凡人的自我和解之路就簡單容易嗎？在我看來，凡人因缺少智慧，更容易走彎路。如果那麼簡單容易，為什麼人世間還會有那麼多的不解和糾纏，那麼多的寂寞和孤單，那麼多的愁苦和抱怨，仔細分析起來，所有的這些其實都是源於我們還沒有學會與自我和解之因，才導致了諸多不解之果。我一直努力學習，但始終得不到父母的認可；我真誠待人，換來的卻是一次次的傷害；我與家人疏離有距，卻渴望得到家人的關注和愛；我並不想控制伴侶，但就是無法做到；我不相信任何人，只相信自己；我努力了很多年，卻一直得不到重用和提升；同齡人都結婚成家，我卻仍孑然一身；工作生活很如意，但我仍感覺人生沒有意義……不難看出，和天才瘋子們相比，普通人的煩惱和糾結一點都不少，天才和瘋子們執著而純粹，他們在與自我和解的路上只要跟著自己內心的那團火執著的燃燒下去就會成就自己，不惜放棄自己的一切甚至是生命，而凡人大多既沒有那份執著，亦沒有那份勇氣，更沒有佛陀般那份大徹大悟的智慧，所以必然會在與自我和解之路上煩惱叢生，跌跌撞撞，自是需要引領和借鑑，而這引領和借鑑不是你我凡俗之輩洋洋灑灑的萬言之書就可以給予的。

　　但總有人需要從諸多的繁務中抽出身來做這樣的事情，吸收些古今中外智者的思想精華，挖掘出那些科學實驗背後的資料，拋磚引玉，與無數個智者的靈魂交談，再與無數個靈魂

相遇，答疑解惑。同時，在這個過程中對自己盡可能的誠實，完成對自我的認知與和解。每每一想到這些，我方會覺得挑燈完成這部書的價值和意義，或許一路支撐我堅持下來的並不是我要去寫一部什麼給讀者看的書，而是要完成一次與自我的和解之旅，如果這趟旅程的手記能讓你或多或少的有些共鳴和獲益，也算件幸事。

想與世界和解，請先與最好的自己相遇
──認知獲得幸福的智慧

▌我就是我，是顏色不一樣的煙火

快樂是

快樂的方式不只一種

最榮幸是

誰都是造物者的光榮

不用閃躲

為我喜歡的生活而生活

不用粉墨

就站在光明的角落

我就是我

是顏色不一樣的煙火

天空海闊

要做最堅強的泡沫

我喜歡我

讓薔薇開出一種結果

孤獨的沙漠裡

一樣盛放的赤裸裸

多麼高興

在琉璃屋中快樂生活

對世界說什麼是光明和磊落

我就是我

是顏色不一樣的煙火

每次聽張國榮的這首〈我就是我，是顏色不一樣的煙火〉，都深以為然，怦然心動。

這首歌不僅張國榮唱過，陳奕迅也唱過，在演出的現場，他們都在最後的舞臺上唱著這首歌淚流滿面，因為這首歌唱出的不僅僅是歌手自己的人生，更是唱出了每一個獨一無二的生命個體──你和我還有他的人生，我們都是不一樣的煙火，既然生命僅有一次綻放和燃燒，那麼我們何不在各自的夜空中璀璨，盡情釋放出自己的顏色！

我們從小就被教育貼上標籤，變為整齊劃一的孩子，讀一樣的書，穿一樣的校服，甚至舉手投足都有標準的姿勢……但唯獨沒有人告訴我們，我是誰？我來自哪裡？我為什麼活著？我又要去到哪裡？我和別人有什麼不同？我為什麼會是我？我們做了無數張試卷，考了無數個高分，但唯獨沒有做過一張關於「我」的試卷，也從沒有在與我的對話中有過清晰的答案，沒有哪堂課，哪位老師曾對「我」給予講解和解讀。整齊劃一的教育適合我嗎？努力學習是我的人生中必作的功課嗎？朝九晚五的工作對我意味著什麼？結婚生子一定就是我的人生嗎？我正在過的是我的人生還是別人的人生？太多關於我的問題將由誰來回答，誰又會回答？紀伯倫說智慧的基礎就是了解自己，尼采則告訴我們，我們需要先打量自己，才能糾正自己，辛涅科爾則說，對於宇宙，我微不足道，而對於我自己，我就

是一切。可見，我們在先認識世界之前，更需要認識自己，在與世界和解之前，需要先與自己和解。

　　而我就是我，是不一樣的煙火，是無人取代獨一無二的我。從生物學的角度上說，除一些病毒外，地球上所有生物的遺傳物質都是由 DNA 構成的。每個人有不同於其他人的「特質」，首先是因為除同卵雙胞胎或同卵多胞胎以外，沒有兩個人的 DNA 是完全一樣的。人的「遺傳密碼」由約 30 億個鹼基對（可以看成為「字母」）「拼寫」而成，可組成 2 萬多種類型的蛋白質編碼，哪怕世界上最初只有兩個人，他們每個基因的形式都不同，並且每個基因都能隨機互換，2 萬種基因就有 22 萬種排列方式，這遠遠超過了整個宇宙中原子的數量。與英文有 26 個字母不同，人的遺傳密碼的「字母」有 4 個，即 A、G、C、T，分別代表核苷酸中的腺嘌呤、鳥嘌呤、胞嘧啶和胸腺嘧啶。人的 DNA 序列大約 99.9％相同，個體之間只有 0.1％的差異，而且這 0.1％的差異，又主要存在於單個「字母」的差異，即單核苷酸多態性。例如在 DNA 的某個位置，你是 A，我是 G，你是 C，我是 T 等。雖然 0.1％這個比例看上去不大，但 30 億的 0.1％就是 300 萬，也就是說，人類個體之間的 DNA 大約有 300 萬處差別。從社會學角度上說，沒有任何一個人的閱歷、所受到的教育、遇到的人，身處過的社會環境完全一致，這些因素自然決定了我們每個人的獨特性、唯一性。

　　我就是我，是不一樣的煙火，從社會學的角度看，我是天生我材必有用的我。距今 1,100 多年前的唐朝大學士李白「天生我材必有用，千金散盡還復來」一語道破「我」的唯一性和存在的價值，每一個生命都有他自己存在的意義和價值，所以，不論誰出於什麼目的對我們否定時，都不要對自我產生懷疑，記住你的無可替代性，決定我們人生的不是任何別人，而是獨一無二的「我」。霍金小時候學習成績一塌糊塗，老師罵他無可救藥，同班同學會因為一袋糖果打賭他永遠不會成材，多少年之後，沒有人認識和記得那位老師和打賭的同學，但全世界人都知道那個宇宙物理天才霍金。美國籃球運動員斯萬森（Jahmani Swanson）身高僅 1.35 公尺，卻獲得了「袖珍人中的麥可·喬丹」的美稱。他從小喜愛籃球運動，被診斷出侏儒症後，斯萬森並沒有放棄喜愛的籃球運動。他清楚憑藉自己的身高，難以完成蓋帽動作，難以正面與巨人們抗衡。於是，他根據自己的身高特點，加強胯下運球、加速突破、低手上籃、胯下過人等技術性動作的訓練，他的變相運球過人的速度快得令人難以想像。斯萬森如今在紐約的一個職業籃球俱樂部「紐約塔」效力，這支球隊全部由身材矮小的籃球運動員組成，由於他在網上的打球視頻，他還經常能夠接受到比賽和慈善活動的邀請。可見，任何一個生命都有其存在的獨特價值和意義，無人可以替代。

　　是的，我就是我，是顏色不一樣的煙火，那麼我就應該用

我自己喜歡的方式去綻放和燃燒我的生命，在夜空中劃出獨屬於我自己的生命軌跡和曲線，不論我綻放在哪裡，繁華的都市，靜謐的山村，濤聲陣陣的海邊，還是杳無人煙的荒漠，我就是我，用我獨特的方式告訴世界：我是不一樣的煙火，這個世界，我曾經來過，也曾經愛過。

▌學校裡沒有教過我們的幸福密碼

現在的你是否是自己滿意的樣子？如果你的回答很肯定的「是」，那麼你沒必要再讀這本書了，按照自己喜歡的樣子繼續生活下去就好，因為你很清楚自己滿意的標準和感受，清楚什麼是令自己滿意的樣子，並且知道怎麼做才讓自己成為了今天的樣子。如果你看到這個問題，有些猶豫甚至是否定，或是完全不知道該怎麼回答這個問題，支支吾吾、不知所云，那就說明你還沒有思考過這個問題或者目前的狀況一團糟，或許這本書真的可以幫助到你，給你提出些簡單卻很容易實施的建議，你可以邊讀邊去嘗試，用不了太久，你將體會到自己的一些變化，等讀完了這本書，再來回答這個問題也不遲。

因為原生家庭、成長經歷、社會經驗、生活閱歷的不同，每個人對滿意的標準都不盡相同，但我們又都是同一個物種──人類，所以生理和心理的趨同性又會讓我們在人類漫長的進化過程中找尋到共同的標準。從哲學的角度上講，人生本

沒有任何意義，但人類因為有了異於其他動物種類的思考和語言功能，就有了超越其他動物種類的需求，在漫長的一生中需要探尋出個體存在的價值和意義，滿足自身不同的需求層次，戰勝各種虛無困惑，直至達到每個生命個體的滿意度，才能最終實現身與心的統一協調，獲得身心的滿足，進而獲得身心的健康與和解，因個體身處環境的隨機變化而應對自如，減少壓力和焦慮，因此，心理學家們又從心理學的角度為我們做了探索和解答，馬斯洛著名的人類需求層次理論就是其中之一。

在這個理論模型中，人類的需求被分為生理需求（Physiological needs）、安全需求（Safety needs）、愛和歸屬需求（Love and belonging）、尊重需求（Esteem）和自我實現（Self-actualization）五個層次，排列依次由低到高。在自我實現需求之後，還有自我實現需求（Self-Transcendence needs），但通常不作為馬斯洛需求層次理論中必要的層次，大多數時候，心理學專家們會將自我超越合併至自我實現需求中。簡單的來說就是假如一個人同時缺乏食物、安全、愛和尊重，需求最強烈的部分自然是食物，其他需求則顯得不那麼重要。此時，人的意識幾乎全被饑餓所占據，所有能量都被用來獲取食物。比如，走不出沙漠困境或是因海難等待救援的人，在這種極端情況下，人生的全部意義就是吃，其他什麼都不重要。只有當人從生理需求的控制下解放出來時，才可能出現更高級的、社會化程度更高的需求。根據這個需求理論，我們就很容易發現自己

還沒有與自身和解的癥結在哪裡，很顯然，在我們的經濟條件尚不能滿足生活需求之前：能吃飽肚子，還清房貸、車貸，夠我們每個月的開銷之前，我們很難跳過這個層次去追求後四個層面的需求，但身為人的特性，我們又都有對愛、歸屬感、尊重和自我實現的需求，而只有當這些需求都被較好的滿足時，一個生命個體才會進入滿足、健康的狀態。

那麼我們該透過什麼方式去實現這些需求，達到讓自己滿意的樣子，與自己和解，獲得滿足幸福的人生呢？根據哈佛大學的專家長達 25 年的科學實驗和研究，良好的經濟狀態可以讓我們逐漸接近經濟自由，進而可以滿足一部分生理需求，良好和平的社會秩序是我們獲得外在安全感的基礎和保障，健康的親密關係則可以讓我們獲得愛、歸屬感的內在支撐，而良好的人際關係則是我們獲得尊重的重要關鍵，最終達到最高層次的自我實現需求，這其中包括針對於真善美等至高人生境界獲得的需求，因此只有當前面四項需求都獲得滿足後，最高層次的需求方能相繼產生，如：自我實現、發揮潛能等，我們將會在這本書裡一一的探討。現在你要做的就是對比這些需求層次，看看自己的哪些需求已經獲得了深層次的滿足，哪些還沒有獲得滿足，那麼你只需要在沒有獲得滿足的層次上努力就好。

我不想在這本書裡講什麼高深的道理，我只想和你一起談些小事，因為這些小事都是我們很容易做到和實現的，而這

些小事也可以根據你自己的喜好去變更，它們只是在實現我們健康的人生，在與自己和解之路上拋磚引玉的嘗試，你完全可以列出更多適合自己的小事去做做看，當你可以滿意自己當下的狀態，內心喜悅且從容的時候，便是去做這些小事的意義所在，恭喜你已開始與自己、與他人、與這個世界握手言和了。

去工作不僅僅是賺錢那麼簡單

我們大多數人都是在當代的教育體制下完成了從幼年到成年的教育過程。寒窗苦讀十年，老師和父母幫助和支持我們完成學業，從小到大說的最多的就是好好讀書，但是，好像很少有人告訴我們為什麼要好好讀書，對那些天生就喜歡讀書的人來說，當然不是什麼難題，因為熱愛讓這類人充滿對知識的好奇和渴望，可是對那些並不喜歡坐在課堂裡聽老師嘮叨，課後還要寫一大堆作業，時不時的經歷各種考試的人來說，是需要問一個為什麼的，如果非要問一個為什麼，老師和父母的答案最直接的就是可以找到一份好的工作，有個好的未來。不知道你是否思考過，什麼是好的工作，什麼又是好的未來？如果我們在努力讀書前先能弄懂弄清這個命題，或許我們會更熱愛學習吧。

我們在上一小節提到了人類的 5 大需求層次，首先，最低層次的需求是生理需求。它指生命個體健康存在的各種生理滿足，如對呼吸、水、食物、睡眠等基本的生理滿足，但我們

知道，地球上屬於人類的資源很有限。只要還有空氣，我們就可以自由呼吸，只要還有健康的飲用水，我們也可以無限去暢飲，只要有個避雨的屋簷，我們就可以倒頭大睡，只要有填飽肚子的食物，我們就可以生存下去。遺憾的是，這些條件和資源即使是在原始社會也不能輕易讓人獲得滿足，人類本身就位在自然界食物鏈上，為了讓生命得以延續，從第一個人誕生在這個世界上開始，他就必須為尋覓到有限的食物、健康水等努力奮鬥和工作。隨著人類的進化和科技的進步，人類對這些滿足基本生理需求資源的標準也在提高，要求獲得更乾淨的空氣，更潔淨的飲用水，更健康的食物和更優質的睡眠，這些我們可以稱其為優質資源，而在資源有限的商品社會，獲得這些優質資源的途徑就是用人類的勞動去創造價值，再用價值的回報 —— 貨幣去購買優質資源進而滿足我們生理需求。也就是說，如果我們不是含著金鑰匙出生，我們每個人都需要透過創造價值去換取我們賴以生存的生活資源，而實現創造價值的途徑就是去勞動和工作，直到我們有一天獲得經濟上的自由，也就是我們透過創造價值換回的貨幣價值大於我們為生存所需購買資源的價值，我們便可以考慮停止工作和勞動。可見，工作並不僅僅是賺錢那麼簡單，賺錢只是它的回報之一，而我們透過賺錢首先是實現生命的延續，獲得各種基本生理需求的滿足，進而才能獲得高層次的需求。

當我們創造的價值大於滿足我們基本生理需求的價值後，

我們又會有新層次的需求。我們需要建立親密關係來獲得對愛、安全感的滿足，這個時候的需求不僅僅是生理層面上的，它涵蓋了心理、精神更高層面的需求。很顯然，如果這個時候的工作只能滿足我們的生理需求卻滿足不了我們心理和精神的需求，你很快就會厭倦它，對它沒有任何的期待和熱情，不久就會想到放棄和遠離。比如讓一個喜歡創新的設計師去寫單調的程式碼，讓一名全科的醫生去做基礎的護士工作，讓一個律師去做前臺的接待工作，如果僅僅是為了養家糊口，那對這些有著實現自我價值巨大需求的生命個體來說不僅是巨大的浪費，更是折磨，在這種狀態下的生命是無法獲得滿足和健康的，因為人的天性就是只有在達到生命個體自我滿足的前提下才能獲得內心的寧靜與平和。顯然，工作除了養家糊口，還承載著我們深層對自我價值實現的功能，我們希望在任何一種關係中獲得對方的尊重、他人的認可與接納。在漫長的一生中，我們大約有將近 40 年的時間需要工作，可見找一份自己喜愛的工作，進入自己喜歡的領域有多麼重要。

如果你在一份工作中沒有可持續性的安心，每天早起被鬧鐘叫醒後，一想到要擠入高峰的洪流去工作就十分抗拒，那麼這份工作一定不是你的熱愛，而且它已經有很多地方滿足不了你的內在需求，你只是不得已硬著頭皮去上班，這樣的工作遲早不是你主動辭職不做就是公司會辭退你。某地鄉村盛產驢子，村民們都習慣用驢來推磨。為了怕牠懶惰，不肯出力，人們想了個辦法，先把驢眼蒙了起來，不許牠亂看，又用一些香噴噴的芝麻醬或是

花生醬抹在驢鼻子上面。驢聞到香味，以為前面一定有什麼好吃的食物，就拚命出力往前衝，可是轉了又轉，只聞其味，不得其物。身為現代人的我們大多數也和這隻驢子一樣，在世上追逐這個、追逐那個，以至終有一天因為一個意外突然停下奔跑的腳步時，才發現一直是徒勞空跑，所以當你在每天開始奔跑的生活中覺得疲倦或者力不從心的時候，一定讓自己稍稍駐足一下，整理下思緒，了解自己奔跑的目標。不論是近期還是遠期目標，只有看得清晰，你才將奔跑得更有把握、更有信心，否則的話我們只能像矇著眼睛奔跑的驢子那樣盲目地在原地轉來轉去卻沒有任何進步。同樣，我們更不應只是為了糊口急著去找一份工作，而是在找工作前根據自己的性格愛好、專業能力、工作經驗，未來規畫進行綜合的評估考量，在具有職業優勢的領域中選擇自己一生想要從事的崗位，並深入的做下去。

你可能會問：「在我沒有得到一個工作之前，我怎麼知道我會喜歡這個工作呢？」的確，找一份喜歡的工作並不容易，有資料顯示，人的一生中基本會換 7 ～ 10 次工作，特別是剛進入職場前兩年的年輕人，頻繁的更換工作很是普遍，這也是年輕人對自己職業生涯初期的探尋過程，這個過程會讓我們對真正的職場有最直接的感性認知，進入職場文化、了解職場規則、累計專業技能、經營職場關係，是個不斷的試錯和糾錯過程。發現電子的英國物理學家湯姆遜（Joseph Thomson）由於「那雙笨拙的手」，在處理實驗工具方面感到很煩惱，因此他的早年研

究工作偏重於理論物理，較少涉及實驗物理，他便找了位在做實驗及處理實驗故障方面有驚人能力的年輕助手，這樣他既避開了自己的缺陷，又能集中精力努力發揮自己的特長。科學家珍·古德（Jane Goodall）清楚地知道，她並沒有過人的才智，但在研究野生動物方面，她有超人的毅力、濃厚的興趣，而這正是做這一行需要的，她沒有去攻數學、物理學，而是進到非洲深林裡考察黑猩猩，最終成為動物科學家。所以，每個人都應該努力根據自己的專長來設計自己、量力而行，根據自己的環境、條件、才能、素養、興趣等確定職業方向。要知道，懂得與自己和解的人不僅善於觀察世界，更善於觀察自己，了解自己。與其坐在那裡不斷的哀怨命運的不公、抱怨機不逢時，不如儘早著手設計自己人生規畫，從事你最擅長的工作，慢慢累積經驗和成績，你就會越來越接近想成為的樣子。

　　一旦經過了這個必要的過程，往往我們就會逐漸在一個領域中穩定下來，開始深入的專業技能沉澱。通常來說，當我們在一個領域中持續的工作 1 萬個小時以上，就可以達到專家級別的水準，我們獲得的報酬也會隨著在這個領域專業水準的提升不斷的增加，也就是說，你會創造更高的價值，獲得更多的專業認可，成為一個領域的中堅力量，甚至不可或缺。很顯然，這個時期的你已經超越了基本的生存階段，並因為可持續的良好的經濟收入為自己創造了一定的安全感，同時受人尊重，被人認可，還有可能透過這份職業找到真愛，進而收穫自

己想要的生活，成為自己滿意的樣子，完成與自己和解並收穫持久的幸福人生。

　　這樣分析下來，你就會懂得最初父母或者老師為什麼一定要堅持在我們沒成年之前幫助我們完成必要的教育，不停的叮囑我們努力念書，進入大學獲得學歷和學位，因為，一份好的職業是我們通向幸福圓融的人生的保障，它遠遠不只賺點錢那麼簡單，那麼膚淺。

　　所以，找到一份喜歡的工作並堅持下去吧。

▌麵包會滋養夢想，夢想讓麵包昇華

　　理解了一份工作存在的意義和價值之後，另一個新的問題又出現了，那就是如何平衡夢想和現實之間的差距，也就是平衡基本生理需求和自我超越需求之間的差距。很多時候我們之所以內心躁動，青春熱血無處傾灑，熱情夢想難於安放，是因為從麵包去到夢想實現之地還有漫長的距離需要我們去探尋和丈量，當我們意識到這段漫長的距離有可能需要我們用一生的時間去完成時，很多人會頗受打擊和挫折，很多人在這場探尋和丈量之旅中完全屈服於了每日麵包的現實，但也有很多人在賺取麵包的同時，一直懂得最終能讓我們與自我和解之時，是在我們自我超越的需求被滿足之時，懂得只有在上升到這一層次之後才會獲得真正與自我的和解之道。

　　村上春樹在成為職業作家之前，為了生活開了家叫彼德貓（Peter Cat）的咖啡酒吧，早出晚歸。酒吧一開就是 7 年，直到他寫出了《聽風的歌》，獲得了日本當年的群像新人獎，從此讓他下定決心關閉咖啡酒吧，專心從事文學創作。周杰倫很小就有非常棒的音樂才華，但是畢業於淡江高中音樂班鋼琴組的他，畢業以後的第一份工作並不是去酒吧唱歌，而是在餐館做了一個端盤子的服務生，先賺麵包，邊打工邊打磨自己的音樂功底，直到有機會參加李宗盛的節目，進入到他的工作室開始譜曲，在他的譜曲沒有任何歌手敢唱的情況下，他錄製了自

己的第一張專輯《Jay》而一炮而紅後，才徹底走上了專業的音樂發展之路。李開復畢業於卡內基梅隆大學的電腦系，博士畢業以後他也並沒有直接去創業，而是先在大學裡做了兩年的助理教授，讓自己的家庭穩定下來後才有機會接到蘋果公司的邀請，加入了多媒體部。這樣的例子不勝枚舉，不難看出，那些最終與自己內心需求和解，擁抱到了夢想的人都有一個平凡的開始，但他們的內心深處一直沒有放棄自己的夢想，用踏實、勤奮的努力贏得了時間的助力，一步步靠近理想的聖殿，最終完成了從賺取麵包的基本生理需求的滿足到自我超越的實現，獲得了期待的人生境界。開咖啡酒吧的經歷不僅讓村上春樹有了麵包，酒吧裡來來往往的客人也為他日後的文學創作累積了大量的素材，餐廳服務員的工作並沒有消淡周杰倫的夢想，在用麵包填飽肚子的同時，他勤於在音樂之路上學習和創作，最終成為了集作詞、作曲、演唱、伴奏於一身的全能音樂王子，助理教授的崗位同樣給了李開復堅實的生活保障，在生活狀態穩定之後，他更安心於提升自己的專業能力，探索資訊科學最新前沿技術，最終獲得了蘋果公司的橄欖枝，實現自己的夢想，與更優秀的人和團隊合作，走上自我創業之路。如果有機會讓他們的同齡人一起坐下來，我們來問這樣一個問題：「你20歲的夢想40歲的時候還在嗎？」相信很多人都會唏噓不已，有多少人不是沒有夢想，而是不知不覺中放棄了夢想。

　　塔莎出生在一個優渥的家庭，母親是肖像畫家，父親是個

飛機設計師，而她卻對畫畫、大自然和農場情有獨鍾。15 歲的時候塔莎毅然的放棄了學校的學業，開始了自給自足的農業生活，並且開啟了畫兒童插畫的生涯，23 歲發表了處女作後，她一發不可收拾的畫出了 80 冊以上的繪畫作品，並獲獎無數，深深的影響了無數孩子們的童年，讓他們始終對人生保有希望，去勇敢追尋自己的夢想生活。57 歲時，塔莎開始構想營造更廣闊的庭院結構，她搬到了美國東部的一個小鎮，買下 30 萬坪的土地，從此開始了愉快愜意的田園生活方式。她的家裡的裝飾全部是 18 世紀的風格，除了畫畫寫書，種花種草種果樹，她還做很多的手工藝，紡線織布、做玩偶、用山羊奶做乳酪、自己做麵包做果醬，每天和心愛的狗，鳥一起生活。美麗優雅的塔莎於 2008 年離開了這個世界，享壽 92 歲。她的經歷成為無數嚮往自由、健康田園生活人的夢想和楷模，她本人也成了田園生活的一個符號和代表。

我們不難看出，任何人任何時候都可以保有自己的夢想，任何時候開啟夢想都不為遲，且也不需要我們有多麼豐富的經歷，多麼高的學歷和學識，但前提在維持基礎的生存之後，用自己的耐心、毅力與時間做朋友，透過踏實勤奮的努力堅持自己的夢想，平衡賺取麵包和保有夢想之間的差距，一步步接近夢想，直至最後夢想的實現，沒有麵包的夢想是空想和幻想，沒有夢想的麵包是乾扁無味的麵包，只有當我們懂得將夢想和麵包結合在一起，堅定的走下去的時候，我們才踏上了與自己的和解之路。

▋ 想體面的與世界和解，請先讓自己變得足夠體面

懂得與自己和解的人首先會讓自己從內至外成為自己喜歡的樣子。想像一下，我們的面前放著面鏡子，你希望看到鏡子中的自己是什麼樣子的呢，或者如果你是自己的父母、老師、朋友或上司，你想看到一個什麼樣的孩子、學生、朋友或是下屬？你希望看到一個清爽乾淨的人還是一個邋遢、無精打采的人呢？你希望看到一個腹有詩書氣自華的人還是看到一個虛榮媚俗的人呢？相信我們都願意選擇前者。清爽乾淨、舉止得體既是一個人外表的名片，也是一個人長期養成的良好習慣和自我修養的內部映照。中國歌手李健，每次出現在觀眾面前的他，總是一身的清爽，他的歌聲一如他的外表清澈乾淨，宛如從他內心中流淌出的一股股清泉，令人沉醉，讓人難忘。〈一生有你〉、〈傳奇〉、〈中學時代〉、〈貝加爾湖〉，李健用一曲又一曲乾淨清爽的歌曲成就了最好的自己，也治癒者千百萬聽眾。他的清爽乾淨來自他文藝世家的薰陶，從小的耳濡目染，來自清華園的學術書香以及他自身修養的積澱，他宛如音樂人領域的一股清流，入江海而不濁，進凡塵而不緇，除了致力於喜愛的音樂事業，閒暇之時的他過著簡單而富有情趣的生活，飽讀詩書，滋潤心靈，做到了從內而外的乾淨清爽。一個內心繁複、陰暗晦澀，靈魂無趣的人是無法創作出那麼多高水準的奇音妙曲、清麗動人的歌曲的，同樣，如果一個人沒有溫暖、

乾淨的靈魂，他的歌聲更是無法打動他人，引起共鳴的，也就談不上觀眾對他的認可和尊重。

　　清爽乾淨不僅僅是指一個人的外在，更與一個人的內心有著直接的連繫。一個人外在形象再好如果一開口就很粗俗，那麼她或他也不會贏得外界的認可和尊重。宋慶齡是一位廣受尊敬的女性，人們對她的第一印象就是：乾淨得體。會見客人時，她總是一襲素雅的旗袍，挽著傳統的髮髻，沒有過多的脂粉和珠寶，卻顯得格外美麗大方。美國記者愛德加‧史諾（Edgar Snow）曾寫道：「她身穿色調柔和剪裁合身的旗袍，打扮得很是整潔，烏黑亮麗的頭髮向後梳著，在腦後挽成一個髮髻，秀美的臉龐宛如浮雕像。」另一位美國記者安娜則說：「孫中山夫人宋慶齡是我在世界任何地方認識的最溫柔、最高雅的人。她身材纖細，穿著潔淨的旗袍，善良而且端莊。」宋慶齡幾十年如一日的乾淨優雅，讓許多外國友人看到了華人女性的魅力，宛然成為東方女性之美的代表和符號，而這種外在的氣質同時也是她內在修養的映照。她出生在牧師兼企業家的家庭，14 歲時便赴美國留學，於歷史悠久的，位於喬治亞州衛斯理安女子學院獲得文學系學士學位。這之後，飽受中西文化與人文精神薰陶的她便追隨孫中山先生一路為獨立、自由、民主而奮鬥。我們大多數人都無法有宋慶齡這麼好的出身和條件，但我們可以透過向那些言談舉止得體、清爽乾淨、心靈美好的人學習，透過良好習慣的養成，透過閱讀大量優秀的經典培養自己的得體。

　　清爽乾淨的人也是非常自律的人，這樣的人有著良好的生活習慣，做任何事都會有一定之規和底線。如果我們想要體面地獲得一塊麵包，先要懂得讓自己看上去足夠體面。如果你是公司的老闆，你希望聘用一個注重職業形象、專業能力、解決問題能力、溝通能力強的人呢？還是一個不拘小節、事事需要指令，不肯多做一步的人呢？相信我們都會選擇前者。從社會對人的職業要求來看，一個人不論多有才華、專業能力多高，沒有人有義務透過你邋遢的外表去發現你內在的優秀，清爽乾淨不僅僅是一個人的外表展現，它更是一個人精神面貌的映照，是一個人深層次的修養體現，也是你從事領域的外顯，同行會透過你乾淨得體的外表，適度的言談舉止判斷出你的專業水準。根據英國著名形象設計公司 CMB 對 300 名金融公司決策人的調查顯示，成功的職場形象塑造和保持是獲得高職位的關鍵。另一項調查也顯示，職場形象直接影響收入水準，那些職場形象好的人平均收入要比同級別的職場人高出 14％～ 16％。很多需要面對不同族群的職業往往對從業人在服裝、言談舉止上有著清晰的要求標準。比如，一個高級理財規畫師、專業的管理諮詢顧問、房地產或保險經紀人，我們無法指望一個邋遢的理財規畫師會給我們提供規畫清晰的理財產品，為我們設計出完善的財務規畫，助我們早日實現財富自由，而對像設計師這類相對需要創意和自由的職業人來說，清爽乾淨是基礎，其次才是富有個性和特色。

從今天起，做個乾淨清爽的人。有著乾淨、清爽的外表，培養乾淨、清爽的內心，持有乾淨、清爽的價值觀，就算有捷徑在前也秉持公平公正的職場原則，靠自己的努力實現自己的理想，不盲從、不順從桎梏，在職場道路中保持自信並持續成長，走出了一條職場差異化的表達之路。在自己人生的職場中抱持著獨立自主、奮勇向前的態度，展現一個生命個體深層次的文化內涵與社會責任感，在超越自我的層面上，內心有理想、臉上有陽光，用乾淨清爽的身心與自我和解，因為乾淨、清爽的奮鬥而永遠正青春。

我們是誰，從哪裡來，到哪裡去
—— 與原生家庭及自我和解的智慧

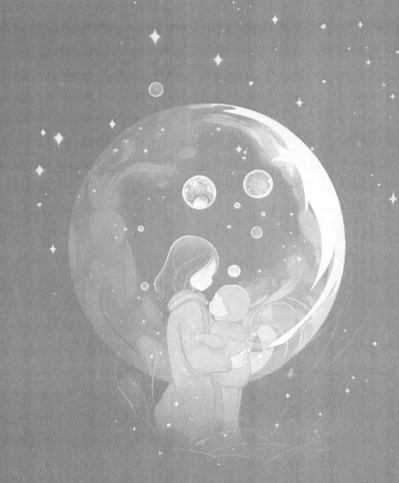

　　健康情緒不是指時刻處於陽光狀態，而是你所表現出的情緒應與你所遇到的事件呈現出一致性。所以，當你的情緒體驗符合客觀事件時，第一時間暗示自己：我現在的情緒是正常的，這樣暗示，情緒張力就會下降，內心自然恢復平靜。很多時候人的痛苦並不是來源於情緒本身，而是來源於對情緒的牴觸。我們之所以說「表達情緒」而不是「發洩情緒」，就是不希望給情緒的抒發扣上負面的帽子。「發洩情緒」帶有隨意的意味，而「表達情緒」主要目的是希望別人了解我們正處在某種不愉快的情緒中，期待別人的支持與體諒。如果情緒只能憋著而不能呼出，整個人的狀態都將變得岌岌可危。除了以上這些，在日常生活中：營造積極健康的生活方式，也有助於我們情緒管理。

▌回到原生家庭與自己和解

　　馬斯洛的需求層次理論告訴我們，當我們最低級、最基本的需求層次獲得滿足後，我們就會進入第二個更高級、社會程度化更高的需求 ── 安全感。安全感是對可能出現的對身體或心理的危險或風險的預感，以及個體在應對處事時的有力或無力感，主要表現為確定感和可控感。馬斯洛認為，有機體追求的是一個安全的機制，人的感受器官、智慧和其他能量主要是尋求安全的工具，甚至可以把科學和人生觀都看成是滿足安全

需求的一部分。它包括我們對人身安全、健康、資源財產、職業、家庭、道德等諸多方面。安全感的高低是我們漫長人生中保有健康穩定的情緒和幸福生活的基礎，而一個人對安全感的形成和認知與其原生家庭有著密不可分的關係，就是我們常聽到的那句「幸運的人用童年治癒一生，不幸的人用一生治癒童年」的核心所在。

　　對於那些從小生活在健康環境中的人來說，他們更容易從充滿溫暖和愛的原生家庭環境與文化中，在恩愛的父母身上，友好的鄰里關係，熱情的親戚往來中感受到安全和愛，及時獲取到馬斯洛需求層次裡的第二、三層次的滿足感。和睦的家庭是孩子得以健康成長的最好的花園。在這樣家庭環境裡長大的孩子會獲得極大的安全感，他們對安全感的需求也能得到及時的呼應，對不安全感的恐懼會得到及時的疏解。這種充滿愛的環境，會讓未成年的孩子們感受到在人與人之間連結過程中的友好、接納和彼此尊重，這種潛移默化影響會映射到我們日後對父母、伴侶、親人、朋友、同事等不同關係裡，在這種環境中長大的孩子也可以在無憂無慮中最大程度的發展自己的個性。遺憾的是，我們很多人並不一定有足夠的運氣會一直在這樣的原生家庭中成長，家庭的變故，父母之間的感情，經濟狀況，家庭成員的健康都是我們無法控制和預測的，但它的變化卻可以對一個家庭，一個人產生一生的影響。美國著名心理學家莫瑞‧包文（Murray Bowen）經過大量的研究發現：家庭是一

個生命個體最初人際關係與情緒管理模式建立的關鍵所在，並提出了原生家庭系統理論中的「三角化」概念及解決這一問題的自我分化能力的治療方法，理論指出在原生家庭的親密關係這個環節上，孩子與父母之間是「三角化」的關係，如果這個關係建立、處理得好，則會對孩子的成長產生正向、積極而有益的影響，相反，則會令家庭成員之間形成「慢性焦慮」，讓整個家庭的情緒氛圍處於極不穩定的狀態，長此以往，則會對成長中的未成年人造成一定的影響和傷害，而這種影響和傷害可能會伴隨著未成年人的一生。

此外，原生家庭還會為一個生命個體提供「早期經驗」。美國著名的臨床心理學家，職業輔導理論的奠基人安妮‧羅伊（Anne Roe）曾經以孩子和父母之間互動的早期經驗為依據，預測孩子日後的職業選擇行為，這一理論被稱為「早期經驗理論」。透過大量實際案例的研究，該理論提出，個人的早期經驗以家庭中父母管教態度的影響為主，而當我們成年進入社會後，我們所選擇的工作環境往往會反映出我們兒時的家庭氛圍。如果我們的家庭氛圍（主要指的是父母的態度）是溫暖、慈愛、接納或過於保護的，即以孩子為中心的，那麼我們會注重別人對自己的意見和態度，以保持彼此間的關係（非防禦性），成年後可能會選擇服務、商業、文化和藝術娛樂類等跟人打交道的職業；相反，如果我們成長的家庭氛圍是冷漠、忽視、拒絕或過度要求的，就會形成防禦別人的心態（防禦性），成年

後可能會選擇技術、戶外、科學之類等跟事、物、和觀念而非跟人打交道的職業。

還有更多的研究顯示：在原生家庭獲得和感知的早期經驗對我們日後個人家庭的組建，與伴侶之間親密關係的建立、與我們自己孩子的親子關係也有著密不可分的影響。顯然，獲得愛與安全感要遠比獲得麵包複雜得多，它並不像一手交錢，一手取貨那麼簡單、直接，而是一個涉及多個人與人之間的情緒流動、表達、感知、接納亦或拒絕的複雜過程，稍不小心，可能就會造成持久的傷害和影響，進而阻礙我們對愛與安全感的獲取和回饋，在這種機制與模式下，我們就很難談到與自我的和解，甚至會影響我們對人際關係，職業選擇，親密關係等諸多關係到人生幸福因素的認知。所以，如何更好的與原生家庭和解是我們每個人都需要學習的一課，而這些又恰恰是我們學校教育中缺失的，幾乎沒有人對我們說過原生家庭和我們之間的複雜關係，更沒有哪門課程會告訴我們該如何與我們的原生家庭和解。

有兄弟二人住在同一間屋子裡，由於臥室的窗戶整天都是密閉著，他們覺得屋內太暗，看見外面燦爛的陽光，便十分嚮往。兄弟倆就商量說：「我們可以一起把外面的陽光掃進來些啊。」於是，兄弟二人拿著掃帚和畚箕，到陽臺上去掃陽光。等到他們把畚箕搬到房間裡的時候，裡面的陽光就沒有了。這樣一而再再而三地掃了許多次，屋內還是一點陽光都沒有。正在

廚房忙碌的媽媽看見他們奇怪的舉動，問道：「你們在做什麼？」他們回答說：「房間太暗了，我們要掃點陽光進來。」媽媽笑道：「只要把窗戶打開，陽光自然會照進來的，何必去掃呢？」這個故事告訴我們如果你希望從世界和人群中收穫溫暖和陽光，滿足對愛、安全感和被尊重的需求，需要先將自我封閉的心窗敞開，生命裡原本的陽光一直就在那裡，只要我們敞開心靈之窗，窗外的陽光自然就會照射進來。與原生家庭的「和解」的前提是打開那扇自我封閉和防禦之門，向內觀照我們的內心，看看有哪些與原生家庭之間的問題是我們一直在迴避和難以解決的，又為什麼會這樣？我們該怎麼做才能解決這些問題呢？當我們思考並開始嘗試著回歸到我們的原生家庭時，我們才真正的打開了與自己和解的那扇窗，讓和解之光照射進我們的內心。

▋看見原生家庭中的「自己」

在與原生家庭和解之路上，首先要看見「自己」非常關鍵，去看見那些在我們成長過程中被家庭成員所忽視，所鄙視的欲望，好好的思考，你那些曾經為了討父母歡心、認可和讚譽而違心做過的事、說過的話，想一想如果現在你面對同樣的境況時，你會怎麼說、怎麼做，你被忽略的感受在哪裡，你期待當時的父母該如何與你溝通或是評價你？那麼他們為什麼沒有那麼做而導致了你的壓抑和焦慮？是否為了維護與父母的良好關係或者為了

讓他們高興促使你慢慢隱藏了那個真實的自己？他們有哪些行為是你不贊同的但卻沒有更好的辦法改變？當我們能夠找出自己曾被壓抑的情緒甚至是不願揭開的傷疤，看到自己真實的感受而不是父母和社會的要求，並且承認這個事實時，我們就正在進行自我的和解與治癒。

其次，實現與原生家庭和解的有效辦法是提升自我分化能力。自我分化也稱為自我分辨、自我辨別，可以從內心分化層面與人際關係分化層面來界定自我分化。在內心層面上，自我分化是指個體將理智與情感區分開來的能力，即在某個特定的時刻個體是受理智還是受情緒支配的能力。在人際關係層面上，自我分化是指個體在與人交往時能同時體驗到親密感與獨立性的能力。自我分化的核心是一個人能夠不斷地與原生家庭的父母進行情緒上的分離，包文用「未解決的情緒依戀」來形容親子之間的那種緊密的、完全共存的無法分離的低分化的依戀狀態。自我分化良好的個體在與人相處時能夠維持獨立自主與情感連結的平衡。他們在與人相處時能夠保持一個清晰的自我感，能夠處理好『我』的位置，面對壓力時也能夠堅持自己的觀點，而不去迎合他人的期望。因此，這樣的個體在與人相處時能保持靈活的距離，能分化情緒和理智，堅持自己不被別人的感受所控制。自我分化水準較低的個體，其行為只能依據情緒反應，容易依賴他人，容易產生融合狀態，在處理問題時極容易受外界的影響而缺乏理性的判斷。尤其當面臨壓力時，自我分化程度低的人可能會採取兩種極

端的適應模式：一是迴避他人，以避免因害怕失去自主性而產生的焦慮感；另一種是透過親近、依賴他人，來減輕自己的心理壓力。很顯然，我們在處理與原生家庭的關係上，不斷提升自我分化能力是關鍵。

事實上，包文也是透過在與自己父母關係的重建中發現這個辦法的。包文年少時發現母親總喜歡在他的面前抱怨父親，這直接影響到了他對父親的判斷，他常常會被母親的情緒帶入並深受其影響，從一個獨立的生命個體變成一個為了慰籍母親需要去做判斷和下結論的角色，以滿足母親在與伴侶的親密關係裡沒有獲得的滿足。漸漸的，包文開始有意識的進行自我分化，母親每次與他抱怨父親時，他開始嘗試與父親進行有效的溝通，並盡可能保持中立。在溝通中他漸漸發現其實父親並沒有意識到妻子對自己的諸多不滿和期待，當父親嘗試做出一些改變的時候，母親的情緒得到了安慰，焦慮程度降低，不斷的嘗試讓包文意識到在原生家庭這種「三角化」關係中，家庭成員之間因為無法選擇的親密性而常常被捲入不同的情緒怪圈中，對於自我分化能力較強的家庭成員來說，他們會很快清楚自己在這種情緒互動模式中需要做出的反應，而對那些自我分化能力較弱的家庭成員來說，就容易在家庭不良情緒和氛圍裡受到影響，形成「慢性焦慮」式的情緒互動模式，而當個體從原生家庭分離後，又會無意識的將這種模式帶入自身的人際交往、婚姻家庭及親子關係中，形成惡性循環。

　　既然我們已經意識到原生家庭對我們一生的意義和影響，我們就需要積極的面對，既不是迴避也不應去抱怨。要知道，在我們的教育中，沒有一堂專門針對原生家庭的課程和指南，我們的父母，父母的父母都是第一次做父母，除了從上一代研習來的經驗和模式，他們也無從學習和選擇。因此，他們在對親密關係的處理上很難完美無瑕甚至是漏洞百出，懂得了這一點之後，我們就可以從自身出發，透過不斷的學習和探索增強自我分化能力，從改變自己出發，嘗試與原生家庭的和解，並在成年後在與伴侶親密關係的建立過程中慢慢療癒。要知道，能夠勇敢的叩開原生家庭的大門的你，已經邁出了與自我和解的第一步。

▌小空間裡的大世界

　　莫瑞·包文 [01] 讓我們了解了自我分化能力在面對原生家庭各種問題時的作用，那麼我們就來看看在不斷與自我和解的學習之路上該如何提升這種能力。我們可以透過不斷有意識的自我暗示和努力提升這種能力，也可以借助外界的環境幫助自己實踐這種自我分化的能力，比如培養自己的興趣愛好，減輕對父母或親密關係的過度依戀，削弱自身過度參與父母、伴侶、朋

01　莫瑞·包文（Murry Bowen, 1913-1990），美國精神科醫生，喬治城大學精神病學教授。包文是家庭治療的先驅者，也是全身治療的著名創始人。

友或孩子的生活，因此，不管你現在處於單身、離異還是同居的狀態，都可以先嘗試按自己喜歡的樣子建設一個完全屬於自己的空間，建造一個完全屬於自己的空間並不是讓你逃避與社會、家人、伴侶或朋友們間的連結，而是在無處不在的人際社會中學會適度的自我分化，學會與各種關係保持適度的距離，學會與自己獨處。每個生命個體都有一個隱形的讓自己感覺舒適界限，就算再親密的兩個人也是完全兩片不同的葉子，很多時候，我們之所以會感覺到壓迫、憤怒、焦慮，正是因為我們與他人之間的距離超越了令彼此舒適的「距離」，進入了令對方舒適的區域裡產生的張力作用，而建造一個完全屬於自己的空間是讓我們有意識的建立這種邊界感，這種完全屬於自己的空間既是心理上的，也可以是實際生活中的，在這個完全屬於自己的空間裡，你可以做真實的自己，任思緒天馬行空，做自己喜歡的任何事，既不干擾他人，又可以獲得相對的自由，這往往才是一個生命個體最舒展的狀態。

1998 至 2017 年間，臺灣作家、攝影師彭怡平[02] 走訪了日、中、法、越、古巴等 52 個不同的國家，帶著相機走進了 200 餘位女性的私密空間，從家庭、社會、階級、種族、歷史、宗教、文化等不同方面，探尋獨立的空間對女性生活品質的作用。在這場行走中彭怡平發現：屬於自己的獨立的空間有助於

---

[02] 彭怡平（Yi-Ping Pong, 1966- ），臺灣女性藝術家、攝影師、作家、策展人、紀錄片導演、影片人。現任風雅堂藝術總監。

培養個體情感與空間的連結，保有個體心理的自由和獨立的同時，有助於健全人格的形成，保有一個生命的原始活力，有勇氣和理智地爭取更加獨立的心靈空間，創造自己的生活軌跡，提升生命個體不依附於任何人和事物，培養平靜而客觀的思考能力。可見，獨立自由的空間對每個人獲得健康的身心，逐漸走向與自我的和解具有很大的作用和療效。

　　色彩心理學家告訴我們，在獨立空間的設計上，合理的運用色彩的裝飾功能對人的身心釋壓也很有幫助，空間的色彩搭配與設計對人的身心也有著不同的影響和治癒功能。橙色能產生活力，誘發食慾，也是暖色系中代表健康的顏色，它也含有成熟與幸福之意。所以，對於食慾不振的人來說，可以適當的在餐廚區點綴些橙色；而綠色是一種令人感到穩重和舒適的色彩，具有鎮靜神經、降低眼壓、解除眼疲勞、改善肌肉運動能力等作用，自然的綠色還對暈厥、疲勞、噁心與消極情緒有一定的舒緩作用，對於平日工作忙碌、壓力大的我們，可以在客廳區域考慮綠色作為主色調；藍色是一種令人產生遐想的色彩，另一方面，它也是相當嚴肅的色彩，具有調節神經、鎮靜安神的作用。藍色的燈光在治療失眠、降低血壓和預防感冒中有明顯作用。有實驗顯示有人戴藍色眼鏡旅行，可以減輕暈車、暈船的症狀，顯然，對於那些比較焦慮，愛發脾氣的人來說，在臥室裡選擇藍色的裝飾是比較科學的選擇，而黃色是人出生最先看到的顏色，它之所以顯得健康明亮，因為它是光譜中最易被吸收的顏色，所以我們可以考慮將這種色彩運用在辦公讀書區域。

　　此外，在居住空間裡科學的擺放綠色植物不僅能為我們的生活居住空間增添生機，也具有一定的治癒功能，如仙人掌。仙人掌可以吸收二氧化碳，釋放氧氣；茉莉花可以散發出具有殺菌作用的揮發油；吊蘭、蘆薈則可以吸收室內的甲醇，保持室內空氣的清新、健康。你還可以選擇像龜背芋、琴葉榕、鴨腳木等這些容易培植的大型綠植，它們不僅可以清除室內空間的大部分有毒空氣，還可以讓你的居住、辦公空間有些文藝氣息，無論是在臥室、書房、客廳、廚房，你都可以放上 1 到 2 盆，你會發現它們會頓時提升空間的美感和元氣，舒適的空間當然更少不了舒適的家具和我們心儀的器物。在倡導自然主義的今天，我們可以考慮選擇原木家具，原木家具會讓我們更接近自然，配上各種治癒的綠植和色彩，彷彿在負氧離子豐厚的原始森林裡自由呼吸，這會令我們的身心得以舒緩；而那些既有顏值又好用的器物則是我們日常生活裡溫暖的陪伴，書房裡一個可愛的馬克杯、一枝書寫流暢的鋼筆、一本精美的日記本、一個光線讓眼睛舒適的檯燈，客廳書架上一個旅行時買來的小瓷器，沙發上一個可愛的小玩偶，廚房裡一個可以溫暖我們腸胃、色彩豔麗的琺瑯鍋，一個可以讓我們隨心所欲做出各種甜點的烤箱，茶水間裡一臺外觀和實用功能強大的咖啡機、手沖壺、裝咖啡豆的可愛的小罐子……當我們在外面的世界緊張忙碌了一天，抑或受到打擊滿腹委屈無處可去，回到一個完全屬於自己的空間泡一壺熱茶，聽一段舒緩的音樂，讀一本自己喜歡的書，和好友聊個天都是這世間最好的治

癒良方，它會為我們遮風擋雨，亦會給我們陽光空氣，還會將我們暫時與塵世的喧囂隔離，讓我們向內參悟反省，安靜的面對一個真實的自己，教我們在寧靜中理清自己的情緒，當我們再次推開門的時候，面對外面的世界與人群時，我們已元氣滿滿，充滿勇氣。

可見，獨立的居住空間對一個人獲得自在舒適的生活狀態，擁有健康的身心是多麼重要。初涉社會的我們或許還沒有足夠的經濟能力買套自己心儀的房子，要麼還暫時落腳在原生家庭，要麼會隨著工作的地點輾轉租借房屋，很多人內心便總想著房子反正不是自己的，住到買房子之前就好。殊不知，房子可以是借來的或者是租來的，但你的生活、心境、身體卻不是，每一天應付的生活，其實就是在應付自己。一個懂得與自己和解的人是很有邊界感的人，也是一個主動與外界抱持適度距離，有著較好自我分化能力的人，無論是在物質上還是在情感上都可以獨立的人，他們懂得隨時會在內心和生活中打造和建設獨屬於自己的空間和世界，懂得善待自己，因為他們知道這是在為與自己，與世界和解助力、加油。

▍在身體和心靈上與世界保持舒適的距離

距離產生美不僅是生活哲學，也是人際交往科學，它有著相應的心理學、行為學及跨文化的知識內涵。如果說自我分化

從另一個角度講也是在心理上保持與生命個體間適度的距離，那麼拉開這種人與人之間身體上的距離則是另一種保持舒適的方式。近年來，我們在車站、銀行、售票處等公共場所排隊的時候總能看到一公尺距離的提示線，提醒我們與他人盡可能的保持這個距離，或許，你會覺得在銀行辦理業務，這樣的距離是為了避免我們無意識看到陌生人的隱私，上車排隊時這一公尺的距離是為了控制不會產生擁擠，而科學研究告訴我們，這一公尺的距離首先是令人彼此感覺安全舒適的分界線，也就是我們平日裡常說的距離產生美。

美國愛德華‧霍爾博士[03]是人類學教授、跨文化傳播研究的先行者，經過多年的研究，他發現人與人之間的距離可以分為四類：親密距離、個體距離、社交距離與公眾距離，其中親密關係中如伴侶，父母與孩子之間令彼此感覺安全和舒適的範圍是 0 到 0.45 公尺，不同個體間保持安全和舒適的距離為 0.45 到 1 公尺之間，社交的適度距離範圍在 1 到 3.5 公尺之間，而公眾距離的範圍則在 3.5 到 7 公尺之間，也就是說，那些打破這個不同關係中距離範圍的舉止和接近都會讓對方感覺到壓迫和不安，反之亦然。比如，在親密關係中，伴侶們彼此間保持在 0 到 0.45 公尺的距離範圍之內時會令對方感覺到安心、溫暖和治癒，父母和孩子互相依偎會令孩子有安全感，如果親密關係長

03　愛德華‧霍爾博士（Edward Twitchell Hall, Jr., 1914-2009），美國人類學家和跨文化研究者。人們記住他是因為發展了個人空間的概念，探索文化和社會的凝聚力，以及描述人們在不同類型的文化定義的個人空間中的行為和反應。

期得不到這個距離內的接觸，比如親吻、擁抱、依偎，就會讓人產生生理的不良反應，甚至是相應情感的缺失。全世界最注重個體之間距離的是芬蘭，如果我們去到芬蘭，除了對它的乾淨、美麗印象深刻外，對它人與人之間的距離文化也會過目不忘。在公共場合下，你會看到人與人之間始終保持著明顯的的距離，有統計顯示這個距離可以達到 1.79 公尺。通常情況下，陌生男子不會主動與女子打招呼；在車站等車的時候，人們會按 1.5～2 公尺的距離依次排開，即使下雨、下雪也不會擠進一個月臺。有個芬蘭的笑話，夫妻二人計畫一起出門逛街，丈夫先下樓到院子裡等著化妝的妻子，可是左等右等不見妻子下來，他給妻子打電話問到：「還沒有化好妝嗎？」妻子在電話的另一頭小聲的回答說：「不是的，是鄰居一直在走道裡站著打電話，還沒走過去。」可見，芬蘭人對彼此間的距離有多麼在意。

霍爾博士還發現，這些距離會因為文化的差異而有所不同，文化層次越高的人越注重個體之間的距離，且在跨文化層面之間很難融合。我們可以這樣來理解，即文化層次越高的人對自我的獨立性需求越高，無論是在社會學、心理學、生理學等各方面都有著更深刻和理性的認知，同時，他們有著更獨立、更豐富的精神需求，這個族群比文化層次低的族群有著相對高的社會地位，他們需要與同伴保持相應的距離去維護令本我舒適的狀態，更懂得透過對人與人之間距離的掌握調整自我與個體、族群、社會的關係，維繫平衡，而文化層次相對低的

人恰恰相反，無論是在精神還是在物質層面，他們缺乏相對的穩定性，獲得的社會資源有限，常常需要相互取暖，互相依賴。這也是為什麼我們常常會覺得在面對同樣一件事情的時候，知識分子給人的感覺更為冷漠，而工人、農民卻更為熱情，事實上，這背後有著深層次的文化、社會、心理和生理因素的差別。此外，社交與公共距離的範圍也會受跨文化影響而變化，兩個芬蘭人之間會因為一個人有意向另一個人靠近而刻意拉開感覺足夠舒服的距離，而義大利人或者兩個美國人則會恰恰相反，這與義大利和美國的熱情、包容、開放的文化有關。

　　前面我們提到的自我分化的能力其實也是指掌握個體與個體心理之間舒適距離的能力。很顯然，身體的距離我們看得見，甚至透過公共場合下那些一公尺的距離線強制養成習慣，而保持彼此間心理舒適的距離則要難得多，它需要我們不斷的學習、練習以及心理暗示和重建，很多時候還需要借助外在的力量，比如專業的心理諮商和治療。讀到這，大家或許已經開始意識到與自己和解的過程是個觀看外部因素、看見內在本我、堅持自我反思和學習的過程，更是一個逐漸改變自己的過程，不要害怕這個過程的艱難和緩慢，我們可以掌握的一個最基本的原則就是，與這個世界和我們周圍的任何人保持舒適的距離，這個距離的前提是你自身覺得舒服，沒有任何的壓抑、壓迫、被綁架的感覺，不要因為親情、友情、愛情而讓自己處在不舒服的距離裡，並且在當你第一次覺得不舒服的時候告訴

對方，讓對方了解和知道你的感覺，不要害怕失去什麼，相反，真正愛你、在乎你的人會更了解你，知道讓你舒服的邊界線在哪裡，知道該如何與你相處，這反而會促進你與他人的和諧，更快更好的與自我和解。

挪威峽灣的治癒力

當我們逐漸懂得自我分化能力的重要性後，就可以有意識的去運用和實踐它。開始慢慢與他人和周圍的環境保持讓自己舒適的距離，你會發現那些過去困擾你的人和事會逐漸減少，你有更多的時間將精力集中在想做的事上，去見想見的人，過自己想過的生活；你周圍的物理空間也在變大並不再像以往那麼喧囂和吵鬧，你甚至可以聽到自己心跳的聲音。相反，一個長時間身處喧囂環境裡的人會受到來自多方面的干擾，要知道超過人體能夠承受的噪音會讓人在視覺、聽覺、神經上產生生理疲勞的同時，還會讓人產生心理上的焦慮和煩躁。

適度的距離之所有產生美，是因為距離感讓我們對除我們之外的生命個體保有新鮮感，規避人固有的喜新厭舊的本性，同時，適度的距離可以讓我們自身得以沉靜下來，對周圍世界的感知力增強，所謂靜水流深就是這個道理。挪威是個美麗的國家，去過挪威的人都知道，它最有名的風景都在峽灣，在那些著名之地，風景逶迤，群山環抱之下的峽灣湖面平靜安逸，

然而，在這些大面積的平靜水面之下，是可深達 1,308 公尺的水下世界。挪威地處斯堪地那維亞半島西部，有著世界上最長的 2 萬多千公尺的海岸線，第四冰川紀的時候，這裡覆蓋著厚厚的冰川，經過冰川在山脈上長期的刨蝕和侵入，形成了大量的 U 型深槽，冰川退卻後海水侵入，就形成了峽灣，其中最有名的是松恩峽灣，當你在這裡的郵輪上隨著峽灣沿線一路行走，看著兩岸的懸崖峭壁，飛流瀑布，便會深深體會到大自然裡的靜水流深，體會到無聲流逝的時光創造出來的自然奇觀，就會懂得安靜是多麼強大的一種力量。

一個適度與他人和世界保持距離的人內心會趨於平和，獲得來自安靜的力量。諸葛亮在他的《誡子書》中說非淡泊無以明志，非寧靜無以致遠，在周瑜三顧茅廬之前，他一直淡泊名利，隱居南陽，懷才於身，靜候明主，雖然天下群雄輩出，但他卻不被紛繁的世事與天下的爭端擾亂心智。為了真正成大業，他平靜地等待，甘於寂寞，甘於暫時的無名，在悠然吟唱梁父吟的日子裡韜光養晦，靜待臥龍飛天的一刻，最終助玄德成就鼎立大業。生活在東晉將亡、故國南北分裂時期的陶淵明，被譽為中國「隱逸詩人之宗」田園詩人的鼻祖。他不慕權貴，不戀權棧，毅然決然辭官而回家種地，「採菊東籬下，悠然見南山」，在靜謐的回歸自然的環境中自得其樂，活出了人生的另一番精彩。古老的英語諺語則說「安靜是生命的皇冠」，可見，安靜是一種可以讓生命全然綻放舒展的力量，更是我們

可以成為自己宇宙裡國王的標識，貝多芬二十六歲時聽力漸漸衰退，四十五歲時耳朵完全失聰，失聰的貝多芬是不幸的，他幾乎與豐富多彩的世界告別，聽不到窗外的車水馬龍、人聲鼎沸，但他又是幸運的，在一個安靜的世界裡專心的創作，他一生創作題材廣泛，重要作品包括 9 部交響曲、1 部歌劇、32 首鋼琴奏鳴曲、5 首鋼琴協奏曲、多首管弦樂序曲及小提琴、大提琴奏鳴曲等，因其對古典音樂的重大貢獻，對奏鳴曲式和交響曲套曲結構的發展和創新，而被後世尊稱為「樂聖」、「交響樂之王」，他為自己安靜的世界創造出了狂風暴雨、鳥叫蟲鳴，譜寫了對生命的深刻認知，並為全人類留下了寶貴的精神財富。

可見，只有我們懂得了安靜的力量且能自由的運用這種力量，才會真正的成為自己王國裡的國王，管理好自己的生命，與自己和解，收穫靜水流深的境界：洞察一切卻不被矛盾束縛，不被各種困擾和欲望捆綁，擁有和諧的生命，長久的快樂與真正的自由。

▍生命的另一個我 —— 情緒

在我們學著與自我和解的路上，學會管理和控制各種情緒是必修課之一。要知道，情緒有好有壞，那些好的情緒會讓我們振奮、開心，而那些壞情緒常常會像一個充滿負能量的人，在我們耳邊喋喋不休，甚至會將我們打入深淵無法自拔，當我們無法管理和控制好這些情緒的時候，我們的人生就會常常處於失控狀態。

長期以來，因為在我們傳統的家庭與學校的教育中缺乏對情緒管理教育的普及，導致我們對自己和他人情緒缺乏正確的認知，加上亞洲文化傳統裡的內斂與家庭成員之間的深度連結，很多人從小就開始壓抑自己的情緒表達，興奮的時候也會盡可能的保持低調安靜，不開心的時候也要盡可能的一個人去消化。在日本，因為工作壓力大，許多公司為了幫助員工解壓，都建有專門的情緒宣洩空間，在這些空間裡，員工們可以大吼大叫，帶上拳擊手套擊打沙袋或是去摔盤子。事實上，情緒是生命的一部分，是另一個「我」，它伴著我們從出生走向死亡，是任何人、任何時候都無法迴避和切割的。佛洛伊德經過長時間的研究發現，人是永遠不可能用自己的理性去理解、指揮人類自己全部的情緒、情感以至於命運的。可見，情緒對我們人生的影響有多麼巨大，我們無法僅僅靠理性去壓抑它的產生和存在，更不能消滅它，而只能學習如何透過不同的方法與它相處，理解它，關心它，接納它。

　　林肯就是個處理情緒的高手。一天，陸軍軍官斯坦頓來到林肯那裡，氣呼呼地對他說一位少將用侮辱的話指責他偏袒一些人，林肯建議他寫一封內容尖銳的信回敬那個傢伙。「可以狠狠地罵他一頓。」林肯說。斯坦頓立刻寫了一封措辭強烈的信，然後拿給總結看。「對了，對了！」林肯高聲叫好，「要的就是這個！好好訓他一頓，寫得真好，斯坦頓。」但是當斯坦頓把信疊好裝進信封裡時，林肯卻叫住他，問道：「你在幹嘛？」「寄出去呀。」斯坦頓有些摸不著頭緒了。「不要胡鬧。」林肯大聲說，「這封信不能發，快把它扔到爐子裡去。凡是生氣時寫的信，我都是這麼處理的。這封信寫得好，寫的時候你已經消氣了，現在感覺好多了吧，那麼就請你把它燒掉，再寫第二封信吧。」睿智的林肯總統透過這個方式告訴斯坦頓，生氣的情緒要及時疏導，但同時也需要掌握處理這種情緒的藝術。事實上，導致憤怒情緒的根本是我們的情緒受到了挫折，如果我們認知到這一點就很好辦，一個受到挫折的人需要被安慰的同時也要反思，同樣，受到挫折的情緒也需要釋放，但也需要處理情緒的技巧。

　　在管理心理學史上有個著名的霍桑效應。其一系列在美國芝加哥西部電器公司所屬的霍桑工廠進行的心理學研究是由哈佛大學的心理學教授梅奧（Elton Mayo）主持的。美國芝加哥郊外的霍桑工廠，是個製造電話總機的工廠。這個工廠具有較完善的娛樂設施、醫療制度和養老金制度等，但員工們仍憤憤不平，生產狀況也很不理想。為探究原因，1924 年 11 月，美國國家研究

委員會在該工廠進行了一個談話實驗。此計畫的最初想法是讓工人就管理當局的規畫和政策、工頭的態度和工作條件等問題作出回答，這種規定好的訪談計畫在進行過程中收到了意想不到的效果。工人想就工作內容以外的事情進行交談，他們認為重要的事情並不是公司或調查者認為意義重大的那些事。訪談者了解到這一點後，及時把訪談計畫改為事先不規定的內容，每次訪談的平均時間從 30 分鐘延長到 1 到 1.5 個小時，多聽少說，詳細記錄工人的不滿和意見。訪談計畫持續了兩年多，工廠的產量大幅提高。原來，工人們長期以來對工廠的各項管理制度和方法存在許多不滿情緒，無處發洩，訪談計畫的實施恰恰為他們提供了發洩出口。發洩過後，工人們心情舒暢，士氣高漲。這個實驗告訴我們，遵循人性，有效的疏導受到挫折，被忽略的情緒無論是對個人的身心健康還是對團隊的管理都很關鍵。

隨著當代人面臨的課業、工作、人際關係的壓力增大，因傳統教育注重成績輕視心理建設和情緒管理而導致越來越多的人患上了焦慮、憂鬱、躁鬱等精神類疾病且大有年輕化趨勢，而當代社會環境中的激烈競爭、資源有限、貧富差距加大等因素又加劇了這種惡性循環：社會、工作環境中人際關係複雜，生存競爭壓力巨大。美國研究者經過追蹤記錄，發現因為無法排解的工作壓力，每年大約有 75 萬名美國人嘗試自殺，約 100 萬名員工因為壓力大而缺勤，40％的員工工作調動與壓力有關，壓力導致我們情緒感冒，而感冒的情緒在沒有得到重視和

及時的安撫和治療之後繼續惡化，最終讓人患上了幾乎不可逆轉的各類精神疾病。事實上，壓力的問題本身不是壓力，是壓力導致的我們身體和情緒長時間得不到休息和舒緩，最後造成極度疲憊的情緒崩潰。由此可見，學會讓身體和情緒得以適度的休息和治癒，給其一定的恢復時間和間歇非常關鍵。可見，生活中處處需要我們懂得運用自我分化的技能，在情緒管理上，如果你的自我分化能力較強，就會及時有意識的讓自己從一些導致負面情緒的壓力分化出來，並透過諸如登山、游泳、跑步、健身、打球等運動或透過吃頓美食、與家人朋友的聊天等活動進行自我治癒。

當我們先接納了自己全部的情緒，而後學習並練習與各種情緒相處並能及時疏導的時候，我們就已經開始與自己的情緒和解了。

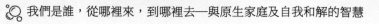

世界無限，是你的認知有限
——與世界和解的智慧

▋不是世界有恙，是你的認知決定了你小宇宙的邊界

有個叫阿巴格的人生活在內蒙古大草原上。有一次，年少的阿巴格和他的爸爸出遊不幸在廣袤的草原上迷了路，歷經了幾天的尋覓和掙扎後，阿巴格又累又怕，就快走不動了，他絕望的要放棄自己的生命。這時候，爸爸從口袋裡掏出 5 枚硬幣，把一枚硬幣埋在草地裡，把其餘 4 枚放在阿巴格的手上，說：「來到這世界上的人，每個人的人生都有 5 枚金幣，童年、少年、青年、中年、老年各有一枚，你現在才用了一枚，就是埋在草地裡的那一枚，你不能把 5 枚都扔在草原裡，要知道草原外面的世界還很大，你的人生還應該去經歷更多的事情，你還要走過更多的地方，你應該非常珍惜你人生的這五枚金幣，一點點地用，每次都有不同之處，這樣才不枉人生一世。今天我們一定要走出草原，你將來也一定要走出人生的每一片草原。世界很大，人活著，就要多走些地方，多看看，不要讓你的金幣沒有用就扔掉。你更不能在困難和艱辛的環境下就輕易地放棄自己的金幣，要知道你一旦放棄了它們，你就永遠都找不回來了。」在父親的鼓勵下，阿巴格鼓足了勇氣最終走出了草原。長大後，阿巴格離開了家鄉，他一直記得在那個絕望的日子裡，父親送給他的五枚硬幣，他謹遵父親的教導，在日後的人生歲月中善用了每一枚，最後成了一名優秀的船長。

認識自己、接納自己，這是我們了解客觀世界的前提和基

礎，也是馬斯洛需求層次中自我實現的需求，而如何滿足這種需求取決於我們對自我的認知和對世界的認知，你的認知決定了你世界的邊界，如果我們一直像阿巴格那樣認為世界就是草原那麼大，那麼我們的一生就只會在草原那麼大的世界裡生活，所以當有人告訴你還有大海、湖泊、田野、森林，你自然會覺得那是痴人說夢，子虛烏有，不是認為這個世界有問題，就會認為別人瘋了，而其實是你認知的局限限制住了你的世界範圍，這就好比不肯跳出井底的青蛙看到的天空只有井口那麼大，而展翅在天空翱翔的鷹卻知道天空大到青蛙無法想像一樣。2020 年，經統計，我們很多人每天刷社群軟體時間平均在 100.75 分鐘，已接近兩個小時。有評論說：「第一世界的人從一個社交場合到另一個社交場合，交換名片和資源，一刻也不得休息；第二世界的人工作之餘，還要把時間用在技能培養和自我提升上；而第三世界的人在各種充斥著垃圾資訊的社群上度過，用廉價的食品餵飽自己，又用廉價的社交媒體把時間消耗掉。」這裡的三個世界的人群很顯然處在三個不同的認知層面，我們可以清晰的看到，處在不同認知層面的人之間行為的巨大差異。

我們無法去計畫和主宰我們的童年、少年，而當我們有一天步入老年的時候，我們手裡所能握到的只是人生的最後一枚金幣，我們唯一能夠把握和好好計畫的就是我們的當下，因為我們可以透過善用人生的金幣換來我們嚮往的生活，可以擁有一個完整而有意義的人生，更可以為自己富足、愜意的老年生活做好準

備。所以靜下來一段時間，可以為自己畫一張地圖，列出你想完成的每一個夢想或目標，想一想你現在還擁有幾枚人生的金幣，你想怎樣去善用你的金幣，投資你的生活，你又想擁有怎樣的生活呢？認知層次越低的人越安於現狀，對新生事物和變化持有懷疑和抗拒，相反，認知層次高的人樂於透過學習、閱讀及與比自己優秀的人交流，更為開放、包容和謙虛，不斷吸收新的知識和理念，擴大自己的認知寬度和廣度，久而久之，這樣的人會站得更高、看得更遠，自然人生的地圖和疆域也更為寬廣。

不是世界有恙，是你的認知有限。當你還在抱怨自己出身平凡，沒有資源的時候，當你還沉浸在自己的小世界裡沾沾自喜，止步不前的時候，那些不斷突破自己的認知，勇於實踐嘗試的同類已經振翅高飛，飛出草原，飛越高山，飛向大海，飛向戈壁。只有先奮力游出溝渠游到大海的魚，海闊方憑魚躍，也只有先躍出井口看到天空的鳥，天高方任鳥飛。

▌王冠上的鑽石和鋪路的卵石

一顆失落的鑽石躺在地上，碰巧被一個商人發現了。商人把鑽石賣給國王，國王讓人將它鑲上金子，當做寶貝嵌在他的皇冠上面。這個消息傳到鵝卵石那裡，令它十分興奮，想到自己也許能這樣平步青雲，頭腦簡單的鵝卵石心裡真是高興。它看見一個過路的農夫，就把他攔住了，「喂，農夫！你再進城的

時候，可得帶我一起同去啊！我處在泥濘和淋雨中，心裡痛苦極了。據說我們的鑽石名氣已經很大，它能夠享受榮華富貴，我實在弄不明白，這幾個夏天它一直跟我一塊躺在這裡，它跟我一樣，不過是個石子罷了，它還是我的老朋友呢！你一定把我帶去吧！他們肯定會給我個好工作。」農夫把鵝卵石放在車底下，他們就立刻出發進城了。鵝卵石在車子裡滾來滾去，它心裡想：「就可以靠著我的朋友，靠著鑽石，鑲在皇冠上了。」然而鵝卵石的遭遇卻並不是它所指望的鴻運高照。它的確也用得其所，只不過是用來修補街道罷了。

　　一個人是鵝卵石也好，是鑽石也罷，既然上蒼給了你生命，那也就應了那句天生我材必有用的古諺。如果我們曾經客觀地評估了自己的能力和水準，那麼經過我們的努力後，發現自己真的只是一枚普通鵝卵石的話也不要有太多的失落，因為在這個世界上鑽石之所以成為鑽石，其數目的極少也是其中的原因，而我們自身的生活是否成功並不是透過你最終能成為一顆鑲嵌在王冠上的鑽石，還是做了去鋪路的一顆普通的鵝卵石所能評判的，而是當你回首生命的整個過程的時候，你是否在心靈上感覺到了滿足和快樂，你是否珍惜了從你身邊經過的每一次機會，善於像成功的他人學習，並真正勇敢地去嘗試過，更勇敢地接受過真實的自己，並且能在接下來的日子中踏實地生活著，那麼你就早已成為了自己王國裡的那顆「鑽石」。

　　正確的認知自己的含金量並身體力行更符合生命原本的自然

規律，如果你能按照自己的天性去生活，而不是誤解成功就是成為高高在上的王冠上的一顆鑽石，你才會生活的更加有自信。當你對自己更有信心的時候，你才會有滿足感，也才會感覺到真正的快樂，否則如果在你還沒有鑽石的耀眼時卻硬要去做王冠上的主宰，那麼你便會有身心俱疲的感覺，就算暫時有虛榮被滿足的快樂，也不會有長久的內心平和，始終做不到與自己的和解。與其讓自己做顆長久痛苦的鑽石，不如順應自己的天性，挖掘自己天性中的潛力做顆快樂的鋪路的鵝卵石。

由此可見，想要真正的與自我和解，擁抱更好的生活，首先是了解自己、接納自己，讓自己成為一個開放、包容的人，不斷的拓寬自己的眼界和格局。如何認知我們所處的世界，了解自己，更重要是如何接納真正的自己，這是擺在每一個人面前的重要課題。新精神分析學派代表之一艾瑞克森（Erik Erikson）認為，人格同一性是「一種熟悉自身的感覺，一種『知道個人未來目標』的感覺，一種從他所信賴的人們中獲得所期待認可的內在自信」。建立起人格同一性的人，對自己的過去、現在和將來會產生「內在相同和連續」之感，與外界社會之間也能取得協調一致，有可能去接受成年期的生活挑戰，否則，就會產生角色混亂，不能正確選擇生活角色。接納自己是更重要的部分，即滿意於自己有某些長處的同時，也要允許自己有很多不足的地方。當然，了解自己的時候，千萬不要帶有色眼鏡，覺得自己一無是處或者毫無缺點，顯然都是非理性的。不可能有哪個人在各方面

都非常完美，也絕不可能有某個人沒有任何值得稱讚的優點，也沒有規定說，必須要各方面都出類拔萃，或者至少有某方面必須優越於族群其他成員，才是一個有資格享有快樂的人。或許，一個積極進取、真摯善良、熱情坦蕩的人，即使沒有什麼過人的能力，但他的生活也會更充實快樂，並且有更多真正的朋友。

不要有「懷才不遇」的感覺，因為這只會讓你固步自封。要知道，每個人都有比我們突出的能力和特點，並且這種心理上的暗示會讓你更局限在生活中負面的東西，你會有更多的抱怨而不是積極的改變和內省，謹記處在複雜的人群中做你該做的事，就算是大材小用，也是快樂而充實的，沒有小事和細節的長期累積，我們不會看到量變到質變的飛躍。

鑽石有鑽石的皇冠之路，鵝卵石有鵝卵石的鋪路之旅。每個人都有自己獨特價值，不嫉妒、不羨慕，活出自己的風景，走出自己的路。

▍在你奮力起舞之前，沒人會為你搭建舞臺

在你奮力起舞之前，沒人有義務為你搭建舞臺。因為，沒人知道你會跳什麼舞，你的舞姿如何，舞藝是否精湛，擠壓群芳，該如何為你搭建舞臺，又搭建多大的舞臺？

日本人種植一種叫「盆景藝術」的樹，它雖然只有幾英寸

高，卻有著漂亮完美的樹形。在加州，人們發現了一片高大的紅杉樹林，其中一種叫做「大謝爾曼」的，高 272 英尺，樹圍有 79 英尺，它被砍倒後，木料足夠建 35 幢有 5 個房間的建築。「盆景藝術」與「大謝爾曼」種子的品質都不足 1/300 盎司，但長成後區別卻是巨大的。當「盆景」冒出芽時，日本人將它拔出泥土，除去直根和部分鬚根，有意抑制其生長，最後它就長成了一棵雖然漂亮但是很小的小型植物，而「大謝爾曼」紮根於加州的沃土，吸收豐富的礦物質、水分和陽光，最後長成一棵高大的植物。「盆景」和「大謝爾曼」都無法選擇自己的命運，但是我們可以，我們可以如己所願成為大的「謝爾曼」或小的「盆景」。我們的自我意識，也就是你對自己的看法，將決定你走哪條路，選擇權是你自己的。

常常聽到有人抱怨說找不到合適的工作，合適的機會去實現自己的價值。要知道不是只有你一個人每天都有新的思路和點子，也不只是你一個人走在實現夢想生活的路上，不信你去問問周圍的朋友或者仔細聽聽你周圍的朋友都在談些什麼，你就會發現每個人都在尋找適合自己的舞臺，走在尋找自我的路上。

在動物園裡的小駱駝問媽媽：「媽媽，為什麼我們的睫毛那麼長？」駱駝媽媽說：「當風沙來的時候，長長的睫毛可以讓我們在風暴中都能看得到方向。」小駱駝又問：「媽媽，為什麼

我們的背那麼駝，醜死了！」駱駝媽媽說：「這個叫駝峰，可以幫我們儲存大量的水和養分，讓我們能在沙漠裡耐受十幾天的無水無食條件。」小駱駝又問：「媽媽，為什麼我們的腳掌那麼厚？」駱駝媽媽說：「那可以讓我們重重的身子不至於陷在軟軟的沙子裡，便於長跋涉啊。」小駱駝高興極了：「原來我們這麼有用啊！可是媽媽，為什麼我們還在動物園裡，不去沙漠遠足呢？」小駱駝的問題很有價值，既然自身的優勢那麼明晰，為什麼不去遠足呢？不是沒有合適的舞臺，而是我們還沒有奮力的舞動起來，要知道，你做的每件事，努力的每一天都在為自己搭建那個夢想的舞臺，所以你現在應該做的就是先停止抱怨，清理下你頭腦中的想法，將那些需要你長時間累積才能達到的目標列入遠期計畫，而將那些你認為比較可行的想法列入近期計畫，再從近期計畫中選取憑藉你目前擁有的資源最有可能實現的地方著手。比如大學裡你主修軟體程式設計，而目前你認為你所在的地區關於電腦軟體的培訓市場還有相當的空間，你最希望先從建立培訓學校開始入手，那麼在閒暇的時間裡，你可以展開對當地的市場調查，去已經開辦的培訓學校親身體驗它們的培訓內容、管理營運模式，並與這些中心的負責人交談，一方面從已有的培訓中心中汲取它們成功的經驗，一方面收集目前市場上隨著各種軟體的不斷更新，職場對軟體編寫能力最新的需求；然後為自己的培訓學校做出精準的定位，比如培訓的主要對象、年齡層，具體的培訓內容及有別與其他培訓

學校的特色，接下來你還要進行初步的場地選擇、成本計算、設備安裝，甚至是合作夥伴的尋找。

這樣看來，即使是一個近期小目標的實現，也需要你前期進行大量的調查和準備工作，而一旦你的某個環節考慮不周或者做得不夠認真，你就有可能功虧一簣。當你遭遇了幾次失敗後，你便又會對自己產生懷疑：這個領域或是舞臺也許並不是最適合我的。所以在你決定開始搭建和尋找適合自己的舞臺時，從一開始你就要做好長期的心理和身體上的準備，並且至少在心理上全力以赴，給自己一段足夠的嘗試時間，再決定自己所定位的舞臺是否合適，包括自己是否能從其中的嘗試裡得到快樂和滿足。每一個人都需努力根據自己的特長來設計自己人生的藍圖、量力而行，根據自己的環境、條件、才能、素養、興趣等確定行走的方向。不要埋怨環境與條件，而是努力尋找有利條件，不能坐等機會，要自己創造條件，拿出成果來，獲得社會的承認後，才會繼而陸續收穫你想要的生活狀態。懂得與自己達成和解的人不僅善於觀察世界，善於觀察事物，更善於體察自己，了解自己。而且他更知道，自己現在所做的每一件事，所走的每一步，每一種嘗試都是正在為自己、為明天搭建那個可以自由起舞的人生舞臺。

▌懂得在放手中與自己和解

　　山上的猴子很容易就會被居民捕到，因為猴子們都很貪吃，不懂得放棄。居民們只要在窄口的竹筐裡放上花生，來吃花生的猴子先觀察下四周的環境，發現沒有人的時候就會立刻將爪子伸進竹筐，開始的時候會嘗試著抓住幾顆花生，邊吃邊觀察著周圍的動靜。一旦牠們發現周圍的環境很安全時，牠們伸進去的手就會越抓越多，直到抓滿滿的一把無法從窄小的筐口抽離出來，也不懂得放掉幾顆手裡的花生。這時候的居民就會從隱匿的樹林中跳出來，將猴子一舉抓獲。很顯然，貪婪和只顧眼前獲得的利益讓猴子們最終成為人類動物園牢籠中的表演者。很多時候，當我們緊握雙手時，因為沒有留有空隙，留有餘地，我們並握不住任何東西，而當我們試著打開雙手，放下暫時的執念、糾結或是眼前的利益，更廣闊的世界反而會向我們靠近，它就在我們手中。同樣，真正懂得與自己和解的人，在很多時候，為了追求更遠大的目標，懂得必須先放下手中的那把花生，也就是眼前的利益。這不是冒險，而是我們願意改變一些固有的思維和依賴，使自己更有彈性，願意在嘗試新的方法之前，先放棄眼前的利益。這就像下圍棋一樣，小的利益雖然放棄，得到的卻是滿盤終贏的結果，但如果想兼得「魚和熊掌」，恐怕連魚也得不到了。

　　在滑鐵盧大戰中，大雨造成的泥濘道路使炮兵移動不便。

拿破崙不甘心放棄最拿手的炮兵，而如果推遲時間，對方增援部隊有可能先於自己的援軍趕到，那樣後果不堪設想。躊躇之間，幾個小時過去了，對方援軍趕到。結果，形勢迅速扭轉，拿破崙遭到了慘痛的失敗。拿破崙的失敗足以證明：在人生緊要處，在決定前途和命運的關鍵時刻，我們不能猶豫不決，徘徊徬徨，而必須明於決斷，勇於放棄。卓越的軍事家總是在最重要的主戰場上集中優勢兵力，全力以赴去爭取勝利，而甘願在不重要的戰場上做些讓步和犧牲，坦然接受次要戰場上的損失和恥辱。同樣，在人生的戰場上，我們也需善於放棄，將自己的時間和精力傾注於主戰場上，而不必計較次要戰場的得失與榮辱。在我們的學習生活中，學會放棄同樣重要，苦讀的階段，當你路過籃球場或足球場時，看到別人正盡興比賽，聽到那歡快的笑聲時，能不動心嗎？但這時，我們必須做出選擇：要麼去燥熱的教室裡念書，要麼在涼爽的綠茵球場上活動，斟酌損益，放棄後者而取前者，是因為我們知道一生的前途比短暫的歡樂更為重要。進入職場後，我們一樣會面臨著取捨，拿下一個重要的訂單，涉及到我們自身利益的同時，還涉及到公司的整體績效，但必須是每個訂單都要拿下嗎？有時候或許放棄一個訂單會讓我們贏得更多的尊重，更大的機會；到了戀愛的年紀，是不是我們就一定不能放棄那個各方面條件都很優秀，但卻不適合你的戀愛對象呢，當然不是，戀愛本來是兩個獨立的生命個體彼此欣賞、彼此成就的過程，但當一場戀愛讓

你覺得不愉快，甚至是身心疲憊的時候，就應該彼此放手，而不應因為害怕離開對方或許就再也找不到比他或她優秀的人而繼續糾纏，優秀不應該是我們選擇伴侶的核心標準，適合才是，你和他在一起覺得舒適才是，只有旗鼓相當的愛情才會修成正果，陪伴你走完漫長的人生。

學會適時的放棄，並且勇於放棄，不要為一點利益斤斤計較，就算「魚」與「熊掌」同等重要，在必須只能選擇一個時，勇敢的做出取捨，也不要怕選擇錯誤，因為錯誤常常是正確的引導，它會教我們逐漸學會放棄和捨得，與不想要的一切做出斷、捨、離的告別，離開你不喜歡的工作和環境，你才有機會找另一份喜歡的職業，告別不斷傷害你、情感綁架你的人，你才有機會遇到懂得珍惜你、呵護你的人；捨棄那些無用的東西，你才會換來明亮、開闊的生活空間，讓自己得以自由、順暢的呼吸。與自己和解的人都懂得適度的學會放手與放棄，學會可以為了一棵樹而放棄整個森林，這是一種人生智慧，也是與自我的和解。

▊ 尊敬對手的人才能成長

我們需要對自己成長有益的朋友，同樣我們也需要對自己成長有益的對手。在我們奮鬥的路上，往往是競爭對手為我們的成功起到了推波助瀾的作用。這就是為什麼每個出色的運動員都知道，提高自己競技能力和技藝最好的方法就是與一個更出色的選手較量。朋友可以從感情支撐我們度過難關，而對手則可以從理智上、技能上帶來最大潛能的激發。善用對手帶給我們的激發，可以讓我們學到成長的智慧和技能。

我們在情感上需要朋友，在成長上需要對手。有一個勢均力敵的競爭的對手，往往可以讓我們獲得持久的成長。孟子說：「出無敵國外患者，國恆亡。」奧地利作家卡夫卡說：「真正的對手會激發你大量的勇氣。」善待你的對手，方盡顯品格的力量和生存的能力。學武的人，都要懂得睜大眼睛，看清楚別人的拳頭和刀子是怎樣舞動的。即使刀子最後刺進身體裡，也一定要看個清楚。看清這一次，下一次就多一分保命的機會。在武的世界裡，這是性命攸關的問題，不能馬虎；在文的世界裡，表面上看來，牽扯不到立即的生死，所以容易忽視這個道理，然而，注意對手的每一個動作，其道理是同樣重要的。

最好的學習方法之一，來自於和對手交鋒時刻，這並不表示要故意等著被敵手擊中。最重要的，是在被擊的那一刻，千萬不要因為痛苦、緊張、憤怒而亂了手腳。你要懂得在痛苦中品味另一種快感，終於有人放出你還無法招架的策略，你可以

好好揣摩一下其中的奧祕。往往，傷的越重，你越有深刻的體會，越可能重新鍛鍊自己，改造自己。所以，我們被擊中的時候，不僅要沉著，甚至要冷靜到因為自己被擊中而暗暗叫一聲好。有時候，表面上看來，你從對手身上得到的學習機會，沒有那麼直接、明顯，其實，僅僅是承受他帶給你的壓力，就是很寶貴的機會，可以對你的成長有很大的助益。不要隨便把對手視為敵人或仇人，揉入太多情緒化的東西，只有這樣，我們才可以冷靜地觀察對方，客觀地審視自己。也惟有這樣，我們才能從交手的過程中學到東西。

很多人無法這樣看待對手。由於對手和敵人往往只有一線之隔，甚至一體兩面，所以，對手也很容易成為仇人。如此這般，看待對手的時候，首先就混雜了情緒。很多人會想：敵人和仇人當然是不好的。哪有向敵人和仇人學習的道理？不少人在碰到對手的時候，首先是不屑一顧，覺得對手的實力不過如此，而一旦被對方攻擊得只有招架之功，沒有還手之力時就會憤怒，發現這個不怎麼樣的人竟然有很多人喜歡，技能甚至超越自己。其實，越是對手，可學的東西才越多。對方要戰勝你，一定是傾巢而出，精銳盡出。在他們使出渾身解數的時候，也就是傳授你最多招數的時候。

所以，不論在職場，還是在商場上，如果你遇到了一個在各方面能力都很強的對手，你應該從心底歡喜。就像每天要照照鏡子，你要每天都仔細盯緊這個對手，好好欣賞他、好好向

他學習。一種動物如果沒有對手，就會變得死氣沉沉、同樣，一個人如果沒有對手，那他就會甘於平庸，養成惰性，最終庸碌無為。有了對手，才會有危機感，才會有競爭力。有了對手，你便不得不奮發圖強，不得不革故鼎新，不得不進取，否則，就只有等著被吞併、被替代、被淘汰。NBA 的某個賽季上，諾維斯基（Dirk Nowitzki）在談到與韋德（Dwyane Wade, Jr.）的關係時說：「我一直說，要和對手做朋友或者喜歡他們，這並不容易。之前在季後賽裡和馬刺較量的時候，我和他們不是朋友，這就是高層次的體育競技，你會對對手有那麼一點『恨』，但是，我覺得那些早都過去了。現在我覺得尊重對手比任何事情都重要。」許多人都把對手視為是心腹大患，是異己，是眼中釘，肉中刺，恨不得馬上除之而後快。其實只要反過來仔細一想，便會發現擁有一個強勁的對手，反倒是一種福分、一種造化。因為一個強勁的對手，會讓你時刻有危機四伏的感覺，它會激發你旺盛的精神和鬥志。日本三洋電機的創始人井植薰在向客人介紹自己企業的同時，總要帶著尊重的口氣，花幾乎相同的時間來介紹同行業的強勁對手：索尼（Sony）、松下（Panasonic）、夏普電器（Sharp），正是這種對同行競爭對手的「尊重」，才使日本的三洋電器能從一種集團的態勢傲然縱橫於世界市場。

所以，尊重你的對手吧！向你那些優秀的同班同學，公司裡的同事，生意中優秀的競爭夥伴學習。有時候，將我們送上

領獎臺的，不是我們的朋友，而恰恰是我們的對手。懂得與自我和解的人很少會憎恨他人的成功，因為這類人往往能從成為我們對手的人的身上，看到我們的缺失，是我們的一面鏡子。懂得與自己和解的人更懂得與他人和解，知道天空是無限的，它足以容納任何一隻搏擊長空的雄鷹，人生的舞臺是廣闊的，它足以接納每一個奮力起舞的人。

細品一杯「生活」的苦咖啡

有關資料顯示，咖啡裡含有 1,600 多種香氣物質，由於咖啡豆本身儲存了豐富的營養成分加上咖啡具有強大的 DNA，因此，咖啡豆在烘焙受熱的情況下會產生一系列誘人的香氣，而與此同時，咖啡豆也會因為烘焙的過程產生的紅褐色色素而產生出苦味。真正愛喝、會喝咖啡的人最喜歡的往往是一杯既不加糖，也不加奶的苦咖啡，一杯現磨的美式或是一杯被稱為 ONE SHOT 的精品義式濃縮，因為這樣的咖啡更為純粹，會讓我們品味到來自不同產地、不同品種咖啡香濃的同時，還能品味咖啡特有的那份甘苦，獲得在忙碌緊張的工作之後釋然瞬間的那份滿足，這往往也是一個人面對生活「之苦」時，與生活、與自我和解一種方式。

有一群弟子要出去朝聖。師父拿出一個苦瓜，對弟子們說：「隨身帶著這個苦瓜，記得把它浸泡在每一條你們經過的聖河，

並且把它帶進你們所朝拜的聖殿，放在聖桌上供養，並朝拜它。」弟子們朝聖走過許多聖河聖殿，並依照師父的教誨去做。回來以後，他們把苦瓜交給師父，師父叫他們把苦瓜煮熟，當作晚餐。晚餐的時候，師父吃了一口，然後語重心長地說：「奇怪呀！泡過這麼多聖水，進過這麼多聖殿，這苦瓜竟然沒有變甜。」弟子們聽了，立刻開悟了。這真是一個動人的教化，苦瓜的本質是苦的，並不會因聖水聖殿而改變；情愛是苦的，由情愛產生的生命本質也是苦的，這一點即使是修行者也不可能改變，何況是凡夫俗子！嘗過情感與生命的大苦的人，並不能告訴別人失戀是該歡喜的事，因為它就是那麼苦，這一個層次是永不會變的。可是不吃苦瓜的人，永遠不會知道苦瓜是苦的。

在你漸漸成年後，你或許一直在思考著一個問題：「人為什麼活著？」特別是當你每天看到這個忙碌的世界，聽到他人的歡笑時而倍感自己的平淡和孤獨時，這個問題似乎會更加頻繁地跳出來煩擾你。很多時候那些比你年長的或是有些閱歷的人甚至常常會對你說：「人啊，這輩子來到世界上就是受苦的。」要知道，不論是你的生活還是你的思想，你所遇到的問題，你所思考的問題也往往是我們每個人都曾遇到過的或都曾思考過的。高更早在一百多年前就因為困擾自己人生的問題，放棄了在世俗目光裡令人羨慕的妻賢子愛的生活，跑到大溪地與那裡的原住民生活在一起，最終畫出《我們從哪裡來？我們是誰？我們要去到哪裡？》的傑作，成為繪畫史上對人類存在之意義的拷問與思考的經典。

的確，在人短暫的一生中，當我們憑藉每天的奮鬥去換取明天的生活，慢慢接近我們的夢想時，生活往往都會給我們太多的問題、困難、煩惱、矛盾甚至是迷惘，我們努力奮鬥和堅持了很久，很有可能最後體會到的仍然是苦澀，但這並不等於說我們就應該停下來，將自己封閉在起來，永遠讓自己安全而不受傷害。因為就算你停止不前，你的生命，世界前行的腳步卻不會以我們的意識而停滯不前的，就如作家吳淡如所說的一樣，人生本無特別的意義，但我們必須給自己的人生找到意義，因為只有這樣你才會在充滿坎坷、苦難、迷惘的人生中找到快樂和充實，才會解決你心中的困惑，才不會孤立自己而真正地保護自己不受傷害，最終悟出自己在世界上走過一次的真諦。

咖啡在烘焙的過程中因為受到高溫的「烤驗」而苦，但同時卻又因為烘焙的過程激發出它獨特的香氣，這個過程本身就像置身於生活中的我們，只有在經過生活種種磨練之後，我們每個人生命特有的那些耐力、意志、才華、智慧才會被激發出來，散發出獨屬於我們自己的「香氣」，收穫我們的成長。那些能與自己和解的人都懂得，既然我們無法迴避人生的「苦」，就學著接納這「苦」，不是期待苦瓜變甜，而是真正了解那苦的滋味，才是有智慧的態度。良藥苦口利於病，苦瓜去火人皆知，只有當我們懂得接納生活之「苦」後，心境才會豁然開朗，才會辯證的看到生活之「苦」背面的「甜」，甚至會像愛上一杯苦咖啡那樣愛上細品苦的過程。

人間有美好，但生活亦有毒，以毒攻毒也是一種解藥，比如，現在放下書去咖啡館喝上一杯苦咖啡。

▌能承受 2,000 磅壓力的南瓜

麻省理工大學曾做過一個很有趣的實驗，他們用鐵圈將一個小南瓜整個箍住，以觀察當南瓜逐漸長大時，對這個鐵圈產生的壓力有多大，南瓜又能承受多大的壓力。最初研究人員估計南瓜能夠承受的最大壓力大約在 500 磅。實驗裡的第一個月，南瓜的確承受了 500 磅的壓力，但它看上去沒有任何異樣。實驗人員決定將實驗繼續進行下去，到第二個月時，這個南瓜已經承受了 1,500 磅的壓力。當它承受到 2,000 磅的壓力時，研究人員不得不對鐵圈進行加固，以免南瓜將鐵圈撐開，直到整個南瓜承受了超過 5,000 磅的壓力後，瓜皮出現破裂現象時研究人員才宣告這個實驗結束。研究人員打開南瓜發現它已經無法再食用了，因為它的內部長滿了層層堅韌牢固的纖維，試圖想要突破包圍它的鐵圈。為了吸收充足的養分，以便於突破限制它成長的鐵圈，南瓜的根部已經延展超過幾萬公尺，所有的根朝不同的方向生長，這個南瓜幾乎已經獨自接管控制了整個花園的土壤與資源。

這個實驗告訴我們，任何一個生命，包括人類自身，都有著遠遠超出我們自以為的抗壓能力，且隨著壓力的增加，能夠

根據壓力的變化選出適應壓力的方案和策略去適應它。我們生活在世上，是獨立的生命個體的同時，也是社會群體的一個成員，在每一個年齡段都會面臨不同的壓力：青少年階段，我們的壓力主要來自課業、同儕、家長和老師，進入成年後，將面臨來自家庭、工作和社會的壓力；步入老年期，我們要面臨來自退休、健康、孤單、死亡等方方面面的壓力。角色的扮演不同，壓力也不盡相同。當老師和當學生的壓力不同，做主管和做員工的壓力不同，身為父母和身為孩子的壓力不同，而一個人往往又是身兼數種角色，集數種壓力於一身。最新的科學研究顯示，壓力適度的時候會促進我們的血液循環，有利於我們的身心健康，因為人體本身的構造就是適合運動狀態的，而這些壓力會讓我們在身體、行為和思維上不停的處於「動」的狀態，研究顯示，壓力本身對我們並沒有害，是壓力之下帶來的恐懼對人體產生了一定的負面作用。所以，正確了解、處理壓力和我們自身的關係也是我們與自己和解，與他人和解，與周圍世界和解過程中需要學習的一課。

這一天，49 歲的伯納德·馬庫斯 [04] 像往常一樣，拎著心愛的公事包去公司上班。在 20 多年的職業生涯中，他一直勤勤懇懇、兢兢業業，才坐到今天職業經理人的位置上，他只要再這樣按部就班地工作 11 年，就可以安安靜靜地拿到退休金了。可

04　伯納德·馬庫斯（Bernard「Bernie」Marcus, 1929- ），美國商人。他與亞瑟·布蘭克共同創立了家得寶（The Home Depot），並擔任該公司的第一任首席執行官和董事長，直到 2002 年退休。

是，他萬萬沒有想到，這卻是他在公司工作的最後一天。「你被解雇了。」「為什麼？我犯了什麼錯？」他驚訝地問。「不，你沒有犯錯，公司發展不景氣，董事會決定裁員，僅此而已。」是的，僅此而已。和所有的失業者一樣，繁重的家庭開支迫使伯納德·馬庫斯必須找到新的生活來源。那段日子，他常常去洛杉磯一家街頭咖啡店，一坐就是幾個小時，化解內心的痛苦、迷茫和巨大的精神壓力。

有一天，伯納德·馬庫斯遇到了自己的老朋友 —— 同樣遭遇解雇的亞瑟·布蘭克[05]。他們互相安慰，一起尋求解決失業壓力的辦法。「為什麼我們不自己創辦一家公司呢？」這個念頭像火苗一樣，點燃了兩人壓抑在心中的熱情和夢想。於是，就在這間咖啡店裡，他們策劃建立了新的家居倉儲公司，制定出了「擁有最低價格、最優選擇、最好服務」的制勝理念和使這一理念得以成功實踐的一套管理制度，然後就開始著手創辦企業。那是1978 年春天。20 年後，他們原本名不見經傳的小公司發展成為擁有 775 家店、15 萬名員工、年銷售額 300 億美元的世界 500 強企業，就是聞名全球的家得寶公司（HOME DEPOT），成為全球零售業發展史上的一個奇跡。

05　亞瑟·布蘭克（Arthur M. Blank, 1942- ），美國商人，也是家庭裝修零售商家得寶（The Home Depot）的共同創始人。

著名的心理學家耶基斯[06]和道德森[07]很早就關注心理壓力的問題。透過一系列的實驗觀察，他提出了「耶基斯-道德森定律」來闡示心理壓力，工作難度和工作效率之間的關係。他發現，在完成簡單任務時，心理壓力越大越認真，工作效率最優。例如：抄課文，像這種簡單的任務，越認真效率越高，越不容易寫錯別字，而對非常困難的工作來講，人處在放鬆的狀態效率反而更高，因為任務的高難度已經令人產生了足夠的心理壓力，這種狀態下，反而需要適度的放鬆，比如：奧運會冠軍決賽的現場、大考之前或重大專案的交付臨界點等等。顯然，壓力管理也是一門科學，正確的認知和管理壓力才是我們在面對它時的最佳選擇。

往往，在我們面臨著一個又一個新壓力時，很有可能是我們更接近新機會和希望之時，這裡的玄機和變化就在於你是被壓力帶來的恐懼駕馭還是去駕馭壓力本身。大多數人之所以在困頓中一蹶不振恰恰是因為被上一次的努力付出與期望結果之間的落差擊中，久久沉浸在負面的情緒中不能抽身，更沒有及時總結經驗教訓，集中精力尋找新的生機和開端。相信自己只要你一直在努力，並時刻能因應環境為自己做出適當的調整，你就會不斷發現自己的生機和無限的潛力，而當你一旦有一次成功的經驗，你就立刻會為出於困頓的自己注入強心劑，這種

06　耶基斯 (Robert Mearns Yerkes, 1876-1956)，美國心理學家，倫理學家，優生學家和靈長類學家，以其在智力測驗和比較心理學領域的工作而聞名。

07　道德森 (John Dillingham Dodson, 1879-1955)，美國心理學家、教授。

在無數次摔打後歷練出來的信心和能力將在你日後的個人生涯發展中發揮巨大的作用並一直持續下去。所以，我們往往最終要感謝的是我們所經歷的那些磨難，感謝生活一次又一次拋給我們的壓力而不是安逸。學會與各種壓力和解，也是我們在與自我和解之路上必經的挑戰，當我們對各種壓力駕輕就熟，處理得很得心應手時，你會發現自己已經可以勇敢的面對一切，無所畏懼。

一半煙火以謀生，一半煙火以謀愛
——與親密關係的和解智慧

▍親密關係存在的重要意義

親密的關係存在於我們與他人的深度連結中。在共同關係中，當兩個人的互賴性很大時，我們把這種關係稱為親密關係（close relationship），親密關係有三個特點：一是兩人有長時間頻繁互動，二是在這種關係中包含著許多不同種類的活動或事件，共用很多共同的活動及興趣，三是兩個人相互影響力很大，如母子、父子、朋友、伴侶、夫妻、親子，這些關係都是我們一生中最重要的幾種親密關係。哈佛大學經過 76 年對人的幸福指數研究後發現，高品質的親密關係是決定我們一生是否幸福的關鍵，特別是童年時代與原生家庭的關係、成年之後與親密伴侶的關係。研究發現幸福的伴侶和婚姻不但能保護我們的身體，還能保護我們的大腦。在對婚姻關係的追蹤研究中，研究人員們發現決定受試者幸福程度的，並不是年輕時候的健康水準，而是他們對於婚姻生活的滿意程度。50 歲對婚姻狀態滿意的人，80 歲時還能保持著相當健康的狀態。美好甜蜜的婚姻關係，還能夠緩解衰老帶來的痛苦。80 歲時，如果一個人還能處在幸福和諧的伴侶與婚姻關係中的話，就算身體出現很多毛病，他們依舊會覺得非常幸福，而在不幸福的婚姻裡，人的身心很容易出現問題，因為壞情緒放大了身心的痛苦。這就是我們常說的一個人的清歡好過兩個人在一起時的孤單。

很多人之所以迴避建立任何一種親密關係的根源在於恐懼

和害怕。這種害怕、恐懼主要來自於三個方面，一是來自我們在原生家庭中對父母之間婚姻的認知，有的人見慣了父母婚姻裡無盡無休的爭吵，家庭裡的冷漠，常常便會在年少的時候暗下決心，這樣的親密關係寧願不要，也好過要麼三天一吵，五天一鬧，要麼是冷冰冰的對峙；對建立親密關係的恐懼和害怕的另一點則來自我們曾經在過往親密關係中受到的傷害，如失戀、背叛、拋棄或者在關係中一些不愉快的經歷，還有就是來自於對周圍人群失敗或低品質的親密關係產生的失望，但僅僅是因為恐懼和害怕，我們就放棄對親密關係的建設、經營或重建嗎？科學告訴我們，進入人與人之間深層次的連結，愛與被愛才是我們得以終生健康與幸福的密碼，就算在這個世界上最幸福的親密關係裡，如婚姻，一生都有兩百次離婚的念頭，50 次掐死對方的衝動，但是無數人仍不斷的在親密關係的「圍城」中走進走出，因為在這種關係裡我們可以尋求到彼此的互愛、尊重、理解、體貼、慰藉，它所帶給我們的滿足、治癒和幸福大概率來講遠遠要大於我們所受到的傷害，如果我們能將其看作是一門需要不斷經營的藝術，學習經營建設它的智慧，懂得包容和妥協，便會在高品質的親密關係中有意想不到的收穫。要知道，高品質的親密關係不僅僅會成就彼此，不再讓我們感覺孤單，更會讓我們在另一面鏡子中學會成長和反思，在這些關係中獲得的穩定的情緒、愛的力量、深入的懂得裡，每個人甚至都能實現馬斯洛需求層次裡最高層次需求 —— 自我超越。

　　揚名國際舞臺的著名導演李安在成名前，曾有六年的時間默默無聞，靠著當時還在攻讀博士的妻子林惠嘉微薄的收入專心研究拍片。兩個人互相激勵，彼此包容，每天李安在大量研究各種電影的同時，承包了所有的家務，解決妻子讀書期間的後顧之憂，妻子林惠嘉則始終相信丈夫在導演領域裡的天賦才華，賦予了他最大的理解和耐心。直至六年後，李安寫出了劇本《推手》，該劇本獲優良電視劇本，贏得了 40 萬大獎，李安也獲得了可以獨立執導該部影片的導演機會。兩年後的 1992 年，同名電影《推手》獲得了金馬獎最佳導演等 8 項大獎讓李安一舉成名。此後，李安陸續拍出了《飲食男女》、《理性與感性》、《喜宴》、《斷背山》、《色戒》、《臥虎藏龍》、《少年 Pi 的奇幻漂流》等家喻戶曉的影片並斬獲無數國際大獎，躋身為國際知名導演行列。在獲獎感言中，李安由衷的表達對妻子的感激之情，認為沒有妻子的支撐，就沒有現在的李安導演。在這段高品質的親密關係中，李安和妻子彼此成就，儘管期間經濟拮据，但林惠嘉始終沒有抱怨李安長期的蟄伏，而是用自己的欣賞和耐心換回了丈夫的成功，李安也並沒有濫用妻子的包容和理解，勤奮用功的同時，對妻子體貼有佳，用自己的崛起和優秀的成績回報了妻子，對這段高品質的親密關係給予了最好的詮釋。兩個人都在這段關係中收穫了愛、尊重、認可和自我超越。

　　可見，高品質的親密關係需要雙方的經營藝術和智慧，但

首先需要我們都勇敢的邁出一步，推開這扇門，我們才能看見門後的那道風景。

▌親密關係裡的門當戶對

有句古話，叫門當戶對。

一直以來，並沒有人和我們講起門當戶對的真正含義，以至於很多人對這個提法都很反感，認為這是對建立親密關係的情侶間彼此家庭在經濟條件上勢均力敵的要求，是對愛情的一種玷汙，其實，遠遠不是這麼膚淺。門當戶對更多指的是締結婚姻雙方的家庭在家庭教育、思想文化、興趣愛好、價值觀等方面的趨同和接近，而這些正是建立可持續高品質的親密關係的基礎和前提。愛情是兩個人之間的兩情相悅，兩眼相看不厭，而婚姻則是兩個家族的締結，你婚姻裡親密關係的點點滴滴都來自雙方原生家庭的基因遺傳，這基因既有生理上的，也有家庭文化中的遺傳因素。

說起門當戶對，林徽因和梁思成的結合堪稱是其典範。林徽自幼飽讀詩書，接受了良好的中西方教育，18 歲起便開始遊歷歐洲，遇到才子徐志摩，林徽因被徐志摩淵博的知識，風雅的談吐、英俊的外貌所吸引，而徐志摩也被林徽因出眾的才華與美麗所吸引，對她評價甚高，為林徽因寫過很多情詩。他們一起舉辦新月社活動，一起演戲，並常有書信來往。1924 年

泰戈爾訪華期間，徐志摩和林徽因共同擔任翻譯，可謂才子佳人。徐志摩為了林徽因甚至不惜和自己的妻子張幼儀離婚，看上去，似乎林徽因和徐志摩這對才子佳人應該走到一起，但林徽因卻並沒有選擇徐志摩，而是選擇了與自己門當戶對的梁思成結為伉儷。梁思成身為梁啟超的兒子，自幼就隨父母生活在日本，回到中國後，1924 年與林徽因一起在梁啟超的支持下共赴美國進修建築學。林徽因與梁思成之間憑藉門當戶對的家庭背景，共同的旅美留學經歷，事業上的比翼雙飛建立起來的親密關係，遠遠比林徽因與張揚且情緒化的徐志摩之間的互相吸引更為理性和持久。這在後來林徽因與梁思成一生高品質的親密關係中也得到了充分的印證。1928 年 3 月 21 日，梁思成與林徽因在加拿大渥太華舉行婚禮，回到中國後，創立了中國現代教育史上第一個建築學系。在 1930 年到 1945 年期間，梁思成、林徽因夫婦二人考察了中國 2,738 處古建築物，如河北趙州大石橋、武義延福寺、山西的應縣木塔、五臺山佛光寺等，也正是由於在山西的數次古建築考察，使梁思成破解了中國古建築結構的奧祕，完成了對《營造法式》這部「天書」的解讀。林徽因在文學上，著有散文、詩歌、小說、劇本、譯文和書信等，代表作《你是人間四月天》、《蓮燈》、《九十九度中》等。其中，《你是人間四月天》最為大眾熟知，廣為傳誦。在這段高品質的親密關係中，她與梁思成無論是在家庭文化、思想認知、工作事業上都有著高度的契合與匹配，這對才子佳人可以在漫

長的婚姻生活中，比翼雙飛、舉案齊眉，互相成就，林徽因成為中國著名女建築師、詩人和作家，梁思成則成為研究中國建築的宗師，畢生致力於中國古代建築的研究和保護，是建築歷史學家、建築教育家和建築師。高品質的親密關係讓兩個人的婚姻生活收穫幸福的同時，充分鼓舞發揮了各自的天賦才華，實現了各自的自我超越。

可見，門當戶對背後深層次所蘊含的諸多因素有著足以影響我們一生親密關係品質的意義和價值，而這種影響會時刻滲透在我們親密關係裡，大到對社會諸相的認知，家庭事業、子女教育，小到柴米油鹽、雞毛蒜皮、鄰里關係，而每一次兩人對這些事情的溝通模式、處理方式都會決定了我們在這段親密關係中的感受，決定著這段親密關係的品質高低。懂得與自我和解的人更懂得在深思熟慮後走入一段親密的關係，懂得在親密關係中勢均力敵的相互作用，並能靈活地去看待和理解親密關係，因為只有親密關係中的雙方始終保持在相同的狀態下，才能滋養彼此，無論是那些相差太多的親密關係，還是那些最初看上去勢均力敵，後來慢慢形成巨大差距的親密關係最終都會漸行漸遠，這是人性，也是必然。

▌尊重彼此的心理邊界

前面我們曾經提到過，若想滿足生命個體彼此間對安全舒適感的需求，在身體上還是在心理上都需要與對方保持適度的距離。經過科學家們的試驗顯示，健康高品質的親密關係中令人舒適的身體距離是 0 到 0.45 公尺，所以，心理學家往往會透過伴侶間在一起行走時的距離，父母和孩子同在時彼此間的距離判斷出這種親密關係的遠近和品質高低，而人與人在心理上的距離，我們將其稱之為心理邊界，又可以稱其為個人邊界。這個邊界的建立基礎是生命個體對自我的認知。自我意識的最初形態，是以嬰兒不能分清自我和他人的區別存在的，他們不能意識到主體和客體的區別，直到大概 8 個月大時，生理自我才開始萌生。

著名科學家阿姆斯特丹做過一個經典的鏡子實驗，他選擇 3 到 8 歲的嬰兒作為試驗對象，給他們在無意間塗上紅點，然後讓嬰兒去照鏡子，觀察他們是否能夠發現鏡子裡自己的不一樣。如果嬰兒下意識的去用手擦拭自己的那個紅點就顯示他們是擁有自我意識的，他們可以區分出自我。倘若嬰兒對那個紅點毫無反應則證明他們還很難區分本身與外界的差異，這時的他們還停留在一種原始的混沌狀態。實驗結果得出，6 到 8 個月大的嬰兒能看到鏡子裡面的人，但是他們大多數都是去拍拍鏡子裡面的人或者一直以各種方式與其互動，卻並不知道裡面的人是自己。所以，從嬰幼兒階段受到父母良好引導的孩子會逐

漸懂得自我和他我的區別，會逐漸學會從對父母的依戀中分化獨立出來，成為獨立的生命個體。也就是說，心理邊界清晰的人才會更加獨立。不能適度被滿足的孩子會嚴重缺乏安全感，慢慢會透過退回自己的世界中自立為王，性格敏感多疑，形成強大的自我防禦機制，而過度被滿足的孩子又會慢慢形成以自我為中心的認知模式，這兩種狀態對孩子日後個人邊界感的形成都會有一定不良的影響，他們在對親密關係的處理上都會遇到不同的障礙和問題。

心理邊界是一個生命個體區分內部與外部的心理安全界限，就好像在生命的內部和外部之間畫了個無形的圓圈，在圓圈內的一切都是這個生命個體自身可控的，超越這個圓圈邊界之外的都是不可控的。在親子關係裡，突破心理邊界的行為無處不在，特別是在孩子進入青春期之後，父母常常在潛意識裡認為孩子是自己的，還需要有什麼邊界感？就是有，也要在自己接受的範圍內，認為未成年孩子缺乏明辨是非的能力，需要父母的監護，於是，偷看孩子的日記，查看孩子的通話紀錄，不允許孩子關上自己的房門，或是進入孩子房間推門而入，在未徵得孩子的意見情況下，替孩子安排好一切……持有這樣想法和做法的父母本身就是自我邊界感模糊的人，在常常打破了孩子的心理邊界後，自然會遭到處於青春期孩子的反感和叛逆。

同樣，在伴侶和婚姻這層親密關係裡，因為它是與自我距

離最近的關係，它的存在令我們感到安全、溫暖和治癒，但恰恰因為是最近的距離，又最容易突破彼此的心理邊界，對彼此造成衝擊和傷害，所以，在這類親密關係裡懂得和尊重彼此間的心理邊界決定著這類關係的品質，它需要我們不斷的去學習，學習讓彼此都感覺舒適的相處分寸，懂得維護彼此的心理邊界，為親密關係留出可以暢快「呼吸」的空間，在我們自身的心理邊界內控制好我們自己的情緒和行為。比如，我們對我們自身愛好的堅持，對能夠接受和不能接受事情的劃分，而在雙方融合的邊界範圍內傾聽彼此的心聲，考慮對方的建議，針對家庭事務尋找可達成的解決方案，在對待與老人相處的模式、子女的教育、家庭的規畫上協商一致等等，同時，懂得在對方的心理邊界處適度停下腳步，在沒有得到對方允許的前提下，不要輕易的闖入，比如，對方過去曾有過的戀情、對方不願和你交流的問題、對方孝順和陪伴父母的方式、對方堅持的興趣愛好等等，在並沒有影響親密關係品質的前提下，更不要逼迫對方做他不願意做的事情，因為，這樣的逼迫從心理學的角度講就是已經完全打破了對方的心理邊界，讓對方感覺到不安、壓迫甚至是焦慮，其結果適得其反。

不要覺得，在最親密的親密關係中我們不再需要邊界，因為我們的伴侶是個獨立的生命個體，是生命個體就會有自己的邊界感，每個獨立的生命個體又有著不同的成長經歷，思維模式和思想體系，正是這些不同和獨特才保持了每個生命個體

獨有的氣質，也是親密關係中得以互相吸引、欣賞的關鍵，懂得在親密關係尊重對方的心理邊界恰恰是對這些特質的保護和理解，也是提升親密關係品質的密碼。試想一下，如果我們完全融入伴侶的心理邊界，洞悉和掌握了對方的一切，對方已經全然是個透明人，那麼，他或她對你還會有那麼強烈的吸引力嗎？或者，他或她完全受你的控制，滿足你對可控的安全感需求，那麼他還是你最初愛的那個人嗎？他或她又會快樂嗎？如果他或她在這段親密關係中變得不再快樂，你又會快樂嗎？顯然，在最親密的親密關係中，尊重和保護彼此的心理邊界感遵循了人性，更是一種獲得高品質親密關係的智慧。

▌一條流動的河

傳統的教育和電視劇裡常常會向我們宣揚永恆的愛情和親密關係，但事情的真相卻是：這世上沒有一勞永逸的愛情和親密關係，只有需要一生去經營的親密關係，而你越早意識到這一點越好。任何關係都是由人構成的，它的生長性決定了個體時時刻刻處在動態變化中，這也就決定了由人建立起來的各種關係也處於動態中。小時候的好朋友隨著年齡的增長，經歷的不同會慢慢淡了感情，甚至失去了聯繫，反而長大成人後，在生活、工作中遇到了能談得來，有著共同志向的朋友慢慢的走到了一起；經歷了白手起家、創業艱辛的合作夥伴從最初的互

相支持，風雨同舟卻在功成名就後分道揚鑣、甚至成為競爭對手的不勝枚舉；而親密關係裡的愛情，也同樣逃不出這樣的命運，多少最初青梅竹馬、才子佳人的愛情也隨著彼此境遇的改變、距離的拉開、志趣的偏離慢慢走到末路，雙方形同路人。所有的這一切告訴我們，沒有什麼永恆的愛情，更沒有一勞永逸的愛情，而我們想要獲得可持續的高品質的親密關係，需要我們懂得動態的看待親密關係，並學著智慧的去經營。

相愛的兩個人最初往往是郎才女貌，因為情投意合走入了婚姻的殿堂，比如宋慧喬和宋仲基，最初的婚姻生活也幸福美滿，但隨著時間的流逝，進入柴米油鹽的婚姻生活卻是現實骨感的，不像兩個人在戀愛期間，更多的是純粹的浪漫和美好，進入婚姻關係裡的兩個人也更趨近真實的自我，暴露出更多的性格缺點，引發更多的矛盾，雙方背後的家庭文化也滲透在婚姻生活中，很多人的關係在這階段開始出現裂痕，雙方對婚姻中的動態效應都措手不及，兩個人要麼逃避，要麼爭吵，要麼拚盡全力犧牲掉自己只為維護這段親密關係，但結果卻適得其反，一個要逃，一個在追，好不熱鬧。根據統計，離婚率不斷上升，可見，當代親密關係的變動性是多麼普遍。從中我們也不難看出，隨著每個人在教育、思想、經濟上的平等和獨立，男女角色在親密關係上發生了轉換，傳統的婚姻關係也已不再是人們獲得幸福穩定生活的唯一選擇，人們更在乎的是親密關係的品質而不是長短，那些還認為親密關係一旦確定就會一勞

永逸，不需要再用心經營的想法更是天真而幼稚。

　　科技、文化、教育、經濟的迅速發展的今天，每個生命個體也在不斷的進步，在親密關係中，如果一方進步較快而另一方較慢甚至是止步不前，隨著時間的推移，雙方就會逐漸在思想上出現落差，進而出現精神層面的分離，如果落後的一方不能及時意識到這個問題的存在，還保持原地踏步或者單純的認為有愛就足夠了，那麼這段親密關係很快就會岌岌可危。在婚姻中，愛情僅僅是基礎但並不是全部，而一旦愛情的保險期過去，雙方的落差加大，矛盾就會凸現。

　　生活就像一條奔騰不息的河，親密關係就是這條河裡的一個分支。即使你想停下腳步，生活也不會停下腳步，也正是在奔騰不息中，我們才在奔騰不息流動的歲月裡體會到進步，保有對明天的希望和期冀，並讓我們與家人、伴侶在這些流動中有了更深的連結，即使有一天，變故突然降臨，愛情不再，我們仍可以因為在過往的歲月中用心的經營過，努力的奮鬥過，用心的付出過而了無遺憾，我們仍會保有一個有溫度的靈魂，相信友情、親情和愛情繼續去開啟屬於我們的新的親密關係、新的生活。既然如此，那就學著成為一朵浪花，一路唱歌的走下去，經歷親密關係中的山也好、水也好、風也好、雨也好，這些都不重要，重要的是我們在這場經歷中完成了自我的蛻變，最終見到大海，面對花開。

▋男人來自火星，女人來自金星

劇作家、作家廖一梅女士在她的劇本《柔軟》中曾這樣寫到：「每個人都很孤獨。在我們的一生中，遇到愛，遇到性，都不稀罕，稀罕的是遇到了解。」的確，每個人本質上都是一座孤島，人們之所以在漫長的一生中需要穩定、持久的親密關係，正是希望在那連著一座座孤島間的「人海」中尋求了解和懂得，滿足自身對愛與安全感需求的同時，溫暖另一顆與我們同樣孤獨的靈魂。它或許是海邊飛來的一隻「海鷗」，或者是水底游來的一條「小魚」，又或者是從我們的孤島邊刮過的一陣「風」，與我們有著本質的不同，卻願意不厭其煩的傾聽我們的心聲，為我們歌唱，棲身於此，而我們也翹首以盼，盼望著它的歸來，給它擁抱和愛。

懂得尊重生命個體間的差異是經營一段高品質親密關係的根本。國際知名的人際關係和情感問題研究專家，心理學約翰・格雷博士[08]用了 7 年的時間，先後追蹤調查了 2 萬 5 千多人在親密關係裡的進展，提出在兩性關係中之所以存在著種種衝突和矛盾，就是因為男人和女人來自完全不同的「兩個星球」，男人是來自火星的動物，而女人則是來自金星的動物。生理結構的不同讓他們無論是在思維方式、溝通模式、行為方式上都存

08　約翰・格雷博士（John Gray, 1951- ），美國的流行心理學暢銷書作者，作品主要圍繞兩性關係及個人成長。他最為著名的作品是《男人來自火星，女人來自金星》（*Men Are from Mars, Women Are from Venus*）。

在著巨大的，甚至是背道而馳的差異，正是這種差異讓身處緊密連結的雙方常常處於「抓狂」的狀態。顯而易見，在兩性的親密關係裡需要我們學習和了解的並不能完全憑藉「愛情」就可以解決的，還需要一定的藝術和技巧，需要長時間相處過程中的了解和懂得。格雷首先提出：我們的伴侶和我們不同 —— 對方來自另一個星球，不可將本星球的規定、要求強加於人的幽默觀點，進而透過大量的案例和追蹤研究顯示，我們一直在錯誤地做出假定，如果伴侶愛我們，他（她）的反應和表現，就要和我們處處「合拍」，而不是與我們的期待背道而馳！換言之，我們以怎樣的方式愛著他（她），對方就要以同樣的方式對待我們，但事實卻是，對於一個女人而言，她自我意識的提升，自我價值的實現，更多來自對情感需求的滿足，也來自人際關係的品質。在大多數情況下，女人講述當天的感受，只為同男人交流和分享。處於壓力之下的女人，並不急於解決她的問題。她先要把真實的感受說出來，喚起他人的理解和共鳴。只有這樣，她才能感覺寬慰和舒適。女人想忘卻消極感受時，她在情感上不但想到自己，同時也關注別人。只有這樣，她才能讓不良的心緒更快地緩解。如果女人覺得自己配得上男人的愛，就會覺得全身舒適，無比快樂 —— 此時，她不必不停地付出，以換取男人的愛；此時，她給予的少，而接受的多，卻可以心安理得，畢竟，這是她應得的結果。為了感覺更好，金星人會聚在一起，坦然談論她們的問題，以便讓身心獲得紓解。

而對男人來說，一個男人的自我意識，在很大程度上，完全來自他完成目標的能力。未經男人的請求，就擅自為他提供建議，出謀劃策，相當於告訴男人：「你很傻，你不知道怎樣做才更好。」或者是，「你沒有獨自解決問題的能力。」而如果一個女人能讓男人感覺到，他是「問題」的解決者，而不是女人眼中的「問題」時，他才願意放棄對抗，按對方理想中的樣子做出改變。只有獲得機會證明他巨大潛力的時候，男人才會展示最好的一面，但當他覺得與成功無緣時，他會故態復萌，恢復舊有的狀態。如果男人覺得女人不需要他，就會陷入一無所用的痛苦，這對他而言，更是一種「慢性死亡」。男人內心最深處的恐懼，就是他還不夠好，或者是能力不濟，不能滿足女人的需求。為了讓心情好轉，火星人會進入他的「洞穴」，以便獨自解決當下的問題。可見，只有當男人和女人能夠互相理解、尊重和接受對方的差異時，愛情才會真正生根發芽，開花結果。親密關係生活是否幸福，主要取決於你對伴侶的認知，你對他（她）的認知有多深，你們的愛情才會有多深。

當伴侶抗拒我們的「愛」時，可能只是因為我們選擇了錯誤的時間，採取了錯誤的方式。女人的失望和憂傷寫在臉上，或溢於言表，男人則自覺是個失敗者，這時候，他必然難以傾聽女人的感受。正像女人害怕接受一樣，男人卻害怕給予，這是一對永恆的矛盾。格雷指出，親密關係裡的男女雙方感情如何，不取決於對方是否完美，即使他們各自有很多缺點，卻仍

然可以和睦相處、一生幸福，這也是永恆的真理。然而，也正是因為親密關係中的雙方來自於不同的「星球」，才讓我們彼此身著各自星球的光芒和獨特，相互吸引，渴望了解，在收獲激情、愛、信任、尊重甚至是因為對方的出現，讓我們發現了不曾發現的自我的同時，我們也發現了彼此的缺憾。如果說每個生命個體都是個圓，那麼每個生命個體的圓上都會有個缺憾，而那個有勇氣面對我們，接納我們，愛我們，了解甚至能懂得我們的伴侶就是那個彌補我們缺憾的人。

所以，在親密關係的維護和建設中，我們需要做的是將本「星球」不斷的自建完善的同時，包容、理解、關愛來自另一個「星球」的伴侶，最重要的是用對方懂得和接受的方式、語言和愛，不是我們用盡蠻力，拚命的大喊，而是用我們的智慧，於無聲中收到伴侶的回應。

▌一半煙火以謀生，一半煙火以謀愛

在物質社會的今天，物質基礎越來越被人們認為是維護親密關係的首要條件。對方的經濟條件如何，是否是名校畢業，有房有車，有體面的工作，有健全的家庭都會被列入擇偶的標準，愛情似乎已經不再是人們締結親密關係的核心要素，似乎強大的物質基礎更能決定我們的一生的幸福。

物質基礎並不是幸福的關鍵。那麼是社會名望嗎？還是獲得世俗社會眼裡，所謂的巨大成功？經過哈佛大學 76 年對 724 位男性的追蹤試驗發現，幸福和它們並沒有直接關係。1938 年，哈佛大學開展了史上對成人發展研究最長的一次研究項目，這個研究專案名叫「格蘭特及格盧克研究」（The Grant & Glueck Study），在 76 年間，他們追蹤記錄了 724 位男性，從少年到老年，年復一年地詢問和記載他們的工作、生活和健康狀況等，這個專案至今還在繼續中。該項研究選擇從兩大群背景迥異的美國波士頓居民開始。研究人員從當年哈佛大學本科生中選出的 268 名高材生作為實驗追蹤的第一組，他們當年才大二，後來全都經歷了第二次世界大戰，並且大部分人有參軍作戰的經歷。哈佛法學院的教授謝爾登·格盧克[09]從波士頓貧民區選出了 456 名家庭貧困的小男孩，將他們劃分在了第二組，他們來自 1930 年代波士頓最貧困的家庭，大部分人住在廉價公寓

09　謝爾登·格盧克（Sheldon Glueck, 1896-1980），波蘭裔美國犯罪心理學家。

裡，很多人家裡甚至都沒有熱水。76 年的時間裡，這些年輕人長大成人，進入到社會各個階層。成為了工人、律師、磚匠、醫生，有人成為酒鬼，有人患了精神分裂，有人從社會最底層一路青雲直上，也有人恰相反，掉落雲端。經過 70 年的追蹤研究後，哈佛大學的研究人員告訴我們：無論是受過高等教育的菁英也好，還是從貧民窟走出來的人也罷，不管你是風光萬丈，還是碌碌無為，最終決定內心是否幸福的，是我們與周圍人，特別是我們親密關係的品質決定的。研究發現，那些跟家庭成員更親近的人、更愛與朋友鄰居交往的人，會比那些不善交際離群索居的人更快樂、更健康、更長壽。一個人有多少朋友、是否結婚，這都不是幸福與否的關鍵因素。最讓人感到受傷和不幸的，是人生中的齟齬、爭吵和冷戰，互相傷害、沒有愛情的婚姻，帶來的危害會比離婚更加致命。科學研究再一次用經過時間檢驗的成果向我們揭示了決定幸福的實質：親密關係及我們人際關係的品質決定了我們幸福指數。這絕不是我們每天慌慌張張去求的那幾兩碎銀能給予的，更不是我們功成名就後順勢即來的臆想，而是我們就在每一個平凡的日子裡，憑藉著踏踏實實經營，憑藉對我們家人、伴侶、朋友的真誠，憑藉著我們一半煙火去謀生，一半煙火在謀愛的真誠，駕馭著我們的生命之舟，在時間的河流上奮力擊水後的饋贈。

▌推開親密關係之旅的五扇門

現在，我們就從心理學的專業角度來認識一下在親密關係這條「流動的河」中，我們都會經歷些什麼，這會對我們在親密關係中學會與伴侶、與自我和解有一定的助益。美國心理學家蘇珊·坎貝爾（Susan Campbell）致力於幫助個人和家庭實現生活目標的事業，她有著超過 30 年的從業經驗。結合多年對親密關係的治癒經驗和研究，她在《伴侶的旅程》中首次提出了伴侶親密關係中的五個階段，並提議將對我們決定幸福品質親密關係的建設看作是場旅程，而在這場浪漫卻又漫長的旅程中，我們只有在推開這段親密之旅的五扇門，看到五扇門背後不同的自己和伴侶，才是真正的完成了這趟親密關係之旅。

伴侶間親密關係的初期被稱為浪漫階段，推開這扇門的我們並沒有看見對方的全貌，我們只是透過對方的原生家庭、外在相貌、學識才能、工作狀況和感性認知初步認識了彼此，憑藉著這種感性認知和所謂的理性判斷兩廂情悅，墜入愛河，而這個階段的愛情更像是在掌握彼此有限資訊狀態下的一種自我對話，彼此都為對方進行了一個美好的預設，兩個人也會盡量從對方的訊息中尋找資料去配合對方的「浪漫」。世界似乎變得更明亮，陷入熱戀的人覺得自己充滿能量，有更明確的目標感，對生命充滿熱情，願意去做不尋常的事，每一刻都覺得新鮮。事實上，浪漫期是親密關係中的香料！隨著浪漫初期獲得

的安全、平靜和滿足，我們越來越了解自我和他人，親密的可能性也增加，在袒露、脆弱、好奇與承諾中，雙方慢慢建立了成熟穩定的關係，而那些沒有走過這道風景的伴侶們則在這個階段就分道揚鑣了。

還有很多伴侶往往會在浪漫期尚未結束時就迫不及待的進入了婚姻，因為，熱戀帶給我們的浪漫、體貼和承諾深深的滿足了我們對親密關係中的愛與安全感的需求。然而，浪漫之後，才是現實生活中的相處，也就是我們推開了親密關係之旅中的第二扇門後，門後呈現給我們的真相：親密關係進入了權力爭奪期階段。努力曾配合對方的「浪漫」，展現彼此最好一面的雙方時常會因為疲憊而試著將自己的真實面貌展現給對方，開啟了考驗對方的接受程度和愛情的穩固性。好奇是這個階段進入整合期的催化劑，透過溝通模式的運用，經歷四個 A 的過程：覺察（Awareness）、承認（Acknowledge）、接納（Acception）、行動（Action）。比如，雙方約定下午四點集合，一方卻因為個人的生活習慣向往常一樣又遲到了半個小時，又不及時回覆對方的留言、電話，於是引起見面後雙方的不快和爭吵。爭吵的背後傳遞出了這樣的資訊「你能告訴我怎麼回事嗎？為什麼我最在意的地方，你這麼不在乎？我想和你談談這件事，解決這個矛盾，而不是大發脾氣。」當親密關係的雙方進入婚姻後，伴侶之間還將面臨更多元的層面，除了朝夕相處的浪漫和愛，還要一起面對生活裡的小事和責任。雙方的了解

　　隨之也變得更深刻，會發現一些不太理想，甚至很難接受的地方，生氣、失望、憤怒的情緒不斷湧現，雙方開始進入到權利鬥爭階段，彼此都期望對方按照自己舒服的樣子改變，卻忽略了自己也需要改變的現實。由於步入婚姻之後雙方擁有的社會意義、價值和責任遠比戀愛階段繁多而複雜，這個階段中，雙方常常在進行心理上的較量，如扮演犧牲者控訴對方（迫害者），以讓對方改變進而符合自己的期望。經過劇烈的衝突後，雙方往往會找到平衡點，形成一種固定的權力爭奪模式，在一方發出訊號時另一方便馬上配合，讓婚姻在鬥爭中變得疲憊不堪，久而久之，就容易進入冷漠期，很多伴侶在這個階段就敗下陣來，常會以性格不和的理由提出離婚，而事實是，這是每段親密關係必經的階段，但任何一件事都有其兩面性，權力的爭奪期也有其積極的意義，這個過程很刺激，雙方可以借助其積極的一面激發內在的力量，看到彼此的真正差異，如果在這個階段的磨合中，我們懂得傾聽，了解真實的對方和對方真實的想法，將對關係的拚力控制轉化為傾聽和接納，兩個人便會一起走向推開親密關係的第三扇大門。

　　在親密關係第三扇門背後的冷默期中，雙方都沒有那種想要改造對方的熱情了，只剩下對婚姻的無奈和失望。如，丈夫可能會這樣抱怨：「老婆還是和以前那樣，畢竟，女人嘛」。這種典型的不將自己置於問題脈絡而將其視為女人或是男人這個「大問題」時，也讓自己從婚姻這個整體中脫離了出去，似乎在

論及一個更廣闊的的話題。冷漠階段對婚姻有著很大的考驗，雙方都需要去尋找一些熱情和浪漫，當這個需求無法被滿足時，就只能夠在其他方面尋找：有的人在孩子上找到新的熱情，如希望孩子長大後與爸爸媽媽不同；有的寄希望於工作；有的從外遇中尋求滿足，但這些很可能只是一個個循環。想要走出冷漠階段，需要從對婚姻的失望、從權力鬥爭的無奈中看到自己，了解自己為什麼失望，又是因為自己的哪些因應方式促成了這樣的結果。在這個階段只有雙方都能對婚姻做出積極的努力和回應，我們才能在親密之旅中繼續前行。

當雙方充滿激情地愛過，疲憊不堪地吵過、鬧過，理解了親密關係裡的無奈，仍然沒有走散後，雙方才開始真正進入到了對彼此的承諾期。承諾期的伴侶已經非常了解彼此，雙方更像在同一片婚姻的土壤中的植物，努力的發展自己的根系，幾乎完全接納了對方的一切，承認了彼此的差異，相處的過程中不再糾結對錯，婚戀專家們認為這個階段才是雙方決定共同養育新生命的最佳時期，因為雙方的關係經前面三個階段的錘煉得以穩固，有了越來越希望深刻連結的需求，各自成長的同時，彼此關注和接受，雙方都不會輕易再要求對方去做出什麼改變，而是盡可能的順應對方的天性。他們需要透過對新生命的孕育做出更加深刻的連結，並做出愛護、接納、成就彼此餘生的承諾，彼時，雙方的親密關係漸入佳境，他們即將迎來親密關係之旅第五扇門 —— 共同創造期。

在共同創造的階段，親密關係中的雙方似乎又重新回到了熱戀階段的相愛和默契，但卻更深入、更真實，雙方已經看見了對方生命個體的全景畫面並欣然接受，即了解彼此的長處，獨特，又了解對方的弱點和平凡，雙方幾乎能做到對關係的完全投入和經營，無論是在物質經濟上，還是在精神共建上，雙方有著非常一致的目標和期望，並能透過各自的努力達成。營造出和諧、美滿的家庭氛圍和親密關係，至於生活裡偶有發生的不快、誤解、埋怨已全然變成了親密關係裡的「調味劑」，沒有人會因為這些「調味劑」而想到徹底的終止這段親密關係，雙方一起面對各種來自家庭內外的突變，並用盡可能低的代價和成本將其解決，而後夫妻雙雙把家還的繼續親密關係之旅，如果沒有什麼特別的意外，恭喜歷經了這段親密關係裡曾有過 200 次掐死對方，100 次離婚念頭的雙方正在走向白頭偕老的歲月。

至此，我們才剛剛懂得，原來，每一段親密關係都有它的生命週期，在這段生命裡，我們就如皮爾斯博士所說：

我在這個世界上，

不是為你的期待而活。

你在這個世界上，

也不是為我的期待而活。

我們是活在彼此生命迴圈的關係裡。

▌親密關係中的放手與告別

那些沒能在親密關係中共同完成推開五扇門之旅的伴侶自然需要放手和告別，而沒有學會親密關係中的放手和告別是我們常常無法與自己和解的隱痛，但這一課在我們的成長過程中往往是缺失的，無論是我們所受的教育還是我們的原生家庭，沒有人為我們講過什麼是好好的放手與告別。然而，放手和告別在我們的一生中是無法迴避的問題，畢業時與朝夕相處的同學告別，戀情終止時與戀人的告別，友誼背叛時與朋友的告別，離職前與同事們的告別，婚姻結束時與伴侶的告別，家人離世前與至親的告別……關係中的放手和告別有些時候是主動而積極的，比如，我們讀完了大學和同窗四年的同學們告別，除了告別前對四年大學時光的依依不捨，更多的是對彼此的祝福，祝福我們的同窗好友大展鴻圖，在各自的崗位上實現自我價值，斬獲幸福的人生，但人生的很多告別又是被動的、痛苦的甚至是心碎的，比如，當我們遭遇了背叛的友誼、糟糕的戀情、親人的離世、、婚姻的變故。因為，這是我們對一段與我們曾經有過深刻連結的親密關係的告別，我們曾經在這些親密關係中彼此愛過、彼此溫暖、彼此信任、彼此尊重，安放我們的身體和心靈，獲得對愛與安全感的滿足。而放手和告別則意味著與這些徹底割裂，意味著放手我們已經擁有的愛與安全感，我們將被巨大的悲傷、心碎、憤怒、怨恨、疼痛、恐懼所填滿，沒有人願意面對這些突如其來的抑或是不得不面對的痛苦和恐懼。

　　心理學的研究告訴我們，任何深入親密關係的建立都需要相當長的時間並分成不同的階段，而當親密關係不得已面臨分離和割裂時，同樣需要假以時日，如果我們沒有處理好這個過程，一段親密關係的割裂和分離不僅會影響到我們對下一段親密關係的處理，還有可能會帶給我們終生的傷痛。否則的話，就不會有那麼多因為伴侶之間親密關係的終止處理不當發生的問題：一個人不斷進入一段親密關係，又不斷的終止，無法處理好每一段親密關係，有的人即使生活在並不舒服的親密關係中卻仍因各種失衡和恐懼無法放手，最終因怨恨導致悲劇，還有的人因為極強的自戀和控制欲，無法接受一段糟糕的親密關係的終止，而抱著玉石俱焚的態度毀掉對方，可見，學會在一段親密的關係中體面的告別和放手並不是件容易的事。

　　為什麼我們很容易全身心的投入一段親密關係，但在面臨終止一段親密關係的時卻異常痛苦且久久無法釋懷呢？科學家為了解決這個困擾人類的問題專門進行了研究，發現原來是大腦裡 VTA 的作用，VTA 是獎賞系統的一部分，當它處於活躍狀態時能釋放出多巴胺等神經物質，令我們興奮和開心，可它並不懂得親密關係被終止和放手的事實，卻還保持著與上一段親密關係的愉快連結，讓生命個體回憶起曾經美好的時光，自然久久不易忘懷，如果，我們長時間內沒有開啟下一段高品質的親密關係，就會長時間的徘徊在上一段親密關係的美好記憶中，這也是為什麼很多伴侶在分開後，迅速的透過一段新的親

密關係取代上一段的親密關係,以修復大腦中的 VTA,而還有的伴侶經過一定的冷靜期後又選擇了重歸於好。那些既無法回歸或者不想回歸到上一段親密關係,又不希望立刻開始一段新的親密關的人就不得不學會放手和告別,且盡可能的體面些。

親密關係的建立有五個階段的成長過程,同樣,在終結和告別親密關係的過程中,一樣需要終結的時間和階段,來自田納西的心理專家開發出一套可測量親密關係終結的量表,透過對平均 20 歲的大學生進行了研究,研究分兩次進行,中間間隔了兩個月,有意思的是調查結果顯示,親密關係的終結同樣是五個階段:意向前期、沉思期、準備期、行動和維持期。這份成果發表在 2016 年的《大學諮詢期刊》(*Journal of College Consulting*)上。在意向前期,處在親密關係的雙方認為伴侶很合適,沒有做出改變的想法,進入沉思期後,雙方或者一方開始考慮變化,準備期時,雙方或一方開始思考如何做出終結或改變,進入行動期階段的時候,雙方或一方開始採取行動,比如,直接提出分手,故意冷淡躲避對方,拒絕對方的各種請求,拒絕重複的溝通和交流等,當進入到維持期後,雙方或一方堅持結束親密關係並盡量避免同時出現在同一場合。寫到這,我不得不停下筆來,我禁不住在想,如果世間的伴侶都能及早學到親密關係的本質及其背後的科學奧祕,並了解到無論是親密關係的建立還是終止都需要一定的時間和階段,甚至還需要些技巧和藝術,是否就不會有那麼多無奈,遺憾甚至是悲

劇的發生了呢？相比於那些日後我們得以謀生的專業知識來說，這些決定著我們人生幸福指數的親密關係課更應該被提上日程，出現在我們的教育培養方案中，一個無法處理好各種人際關係及親密關係的人是無法掌握好自己的人生之旅的。

現在，我們已經知道了親密關係的流動性、階段性，也了解了為什麼我們不願意終止親密關係的原因，並學習告別不合適的親密關係，因為，只有當我們從上一段親密關係中放手和徹底的告別，我們才能開啟新一段的親密關係並全身心的投入，重建大腦的腹側區域的 VTA 的反射模式，重新讓自己快樂和幸福起來，我們才能真正的學會與自己的和解，與上一段親密關係中的伴侶和解，開啟新的親密關係之旅，既然這樣，我們為什麼不瀟灑的學會放手，體面的轉身，送出我們祝福，這祝福會出爾反爾，最終也會回到我們的身上，讓我們收穫人生的幸福。

只有曾經的努力搬磚，才有日後的以夢為馬
——獲得財務自由的智慧

▌幸福與財富的關係

在一切都追求速成的時代，很多人都在犯同一個錯誤：急功近利。有的人夢想著一夜暴富，有的人夢想著一夕成名，稍好一些的則希望透過自己的打拚賺取人生的第一桶金，但卻疲於奔命，無暇享受生活。而事實卻是回報往往是努力與專注後水到渠成的收穫，這也是個先有雞還是先有蛋的問題，在社會大環境下，大多數人被濃厚的商業氣息所裹挾，人人似乎都做著發財夢，人人都渴望成為老闆、CEO，大街小巷商鋪林立，同學朋友小聚談的也大多是房產經濟、孩子教育，不難否認，工作、住房、醫療、教育的高額成本是我們無法迴避的現實壓力，但上到一個國家，下到一個普通的百姓，當人人都想著去經商賺錢或者將大部分精力投注在財富的累積上時，民族產業的創新和精神文明建設該如何考慮，我們的幸福指數是否隨著財富的堆積有所提升，很顯然，這是一個需要我們的社會與個人共同反思的問題。

諾貝爾經濟學獎得主丹尼爾·卡尼曼[10]在過去幾年裡將注意力轉移到了有關幸福的研究上，在他的研究中，幾乎沒有找到幸福和財富的必然關係。心理學家大衛·邁爾斯[11]和他的同事們

---

10 丹尼爾·卡尼曼（Daniel Kahneman, 1934- ），以色列裔美國心理學家。由於在展望理論的貢獻，獲得 2002 年諾貝爾經濟學獎。於 2011 年出版了心理學暢銷書《快思慢想》。

11 大衛·邁爾斯（David Myers, 1942- ），美國密歇根州希望學院（Hope College）的心理學教授，著有 17 本書，代表作：《心理學》、《探索心理學》、《社會心理學》

發現，幸福與財富之間的關聯性非常低，唯一的例外是在一些極窮困的地區，在這些地區基本的生活條件都得不到滿足。有報告指出，在過去的 50 年裡，美國一代代人的富有程度越來越高，但幸福指數卻沒有什麼變化。

　　在喜馬拉雅山南麓的小國不丹，人均國民所得僅 1,400 美元，快樂指數卻在全球排名第八，亞洲排名第一，比人均所得41,800 美元的美國高出 9 名。不丹原內政部長吉莫廷禮深有體會地說：「真正有品質的生活，不是生活在有高物質享受的地方，而是在擁有豐富的精神與文化之處。」不丹之所以有很高的幸福指數，它的祕密是在國家建設上一直秉承老國王辛格提出的「國家快樂力」發展方向上，堅持人文效益、生態效益和社會效益高於經濟效益的理念上，國家不養軍隊，人民享有免費的醫療和教育，整個國家全民禁菸，沒有重工業，生態優美，空氣清新宜人，花香、稻香沁人心脾，注重農田不亂施肥，保護樹林植被，放棄開採山中礦石，全國的森林覆蓋率達 72％，26％的國土為國家公園，到處是如瑞士般的優美谷地，被譽為「森林之國」、「花卉之國」。人民致力追求的不是做生意賺錢，而是受更好的教育。不丹「國民幸福總值」包括教育、心理幸福感、健康、時間支配、文化多樣性、善治、社區活力、生態多樣性和恢復力、生活水準等几大類，而 GDP 只占幸福總值的 1/72。從國王到富人，

等暢銷教科書，以及涉及信仰問題的大眾讀物。

沒有人炫耀財富，國王皇宮甚至比許多民宅還要小！山邊路旁、房頂門前，隨處可見五彩經幡隨風飄動，似乎人人都熱愛這這個幸福的國度。而在全球國家幸福指數排名中多年位列前茅的丹麥、芬蘭、挪威、瑞典等北歐國家，除了發達的經濟，主要因為有著完善的社會福利保障，良好的教育、醫療以及豐富的精神文化生活使得人們生活安逸舒適，文化富有多樣性和包容性，社區富有活力，令人們內心充滿幸福感。由此可見，財富和幸福感確實有一些正相關關係，但無必然關聯，多國比較研究發現，人均產值 8,000 美元以上的國家中，財富和幸福感之間沒有任何相關關係。沒有財富，很難談及幸福，但財富膨脹到一定程度以後，財富的增長對於幸福感影響的效用卻越來越低，擁有中等財富的中產人群，反倒可能是幸福感最強的人群。也只有在幸福指數較高的國度裡，人們特別是身為國家棟梁的年輕一代才樂於專注於自己感興趣的領域，樂於去求知、探索、研究，進而再去創新，因為創新是一個需要不斷投入精力、人力、物力的過程。如果從大環境上，從國家、社會到地方政府積極鼓勵和宣導全面提升我們的幸福指數，弱化商業利益，逐漸減小貧富差距，解決人們在教育、醫療、居住等方面的巨大壓力，宣傳媒體也能從精神文明建設上多做些努力，整個社會才不會限於急於求成的焦慮，個體安居樂業，並能專注在自己的領域中深耕細作，進而形成從個體到社會的良性循環體系，激發人們的創造、創新能力，在不斷創造財富的同時，提升國家幸福力和人民的幸福指數。

▋ 自由的前提是自立和自律

沒有人不嚮往自由，因為在自由的最高境界裡，每個生命都可以活出最為舒展的狀態。比如，讓植物界裡的一顆沙棘果自由的生長，它的根系可長到地下 50 公尺，向四周延展到 300 到 400 公尺，也因此它的體內才會吸收大量的營養物質，它的果子裡才會有 428 種活性營養物質，因此，近年來，富有營養的沙棘果果汁兒倍受消費者青睞。而從小到大，我們人類卻似乎一直生活在不自由的狀態裡，父母的管教、老師的監督、上司的苛責、伴侶的要求，責任、壓力和約束無處不在，於是，我們更加渴望自由，常常希望能像鳥兒一樣自由飛翔，能像魚兒一樣自由游曳。

但這世上並沒有絕對自由，自由也不是人類追求的終極目的，幸福才是，而幸福就是當我們五個需求層次獲得滿足後的終極體驗。認清了人生的本質之後，你便會發現，自由需要一定的前提，那就是建立在自立和自律基礎之上，是相對的自由，否則就是海市蜃樓。

獲得相對自由人生的意義在於我們可以看到更大的世界，擁有更開闊的人生，有更多的選擇。幾年前，我去英國一所一流大學談合作，給我留下印象最深的地方是大學裡的圖書館，抵達的當天因為時差我難以入睡，便去校園裡溜達，當進到大學圖書館的時候，已是凌晨一點，出現在眼前的景象令我瞠目，整個圖

書館幾乎坐無虛席，鴉雀無聲，學生們都在專注的讀書。我好奇的問一旁的管理員，是不是快到期末考試了，學生們才這麼努力？管理員搖搖頭說：「除了放寒暑假，幾乎每天都是這樣，你如果去劍橋和哈佛大學，會發現那裡凌晨四點的圖書館都是這樣的。」當我們還在蒙頭大睡，或是沉迷於電玩的時候，那些遠比我們優秀的人卻在努力，這些社會未來的菁英們除了擁有比我們普通人的高智商、高情商之外，還付出了有遠比我們想像得到的努力！日後也必然會在精神和物質上獲得比普通人更多的選擇，擁有更多的自由，而這一切正是源自他們的自立和自律。

　　「你們見過凌晨四點的洛杉磯嗎？」，這是逝去的前 NBA 球員柯比·布萊恩留給世人的最簡單卻也最直擊人心的話。2020 年 1 月 26 日的清晨，當我從加拿大度假的公寓中醒來翻看手機時，發現整個社群被柯比因飛機失事逝世的消息洗版，柯比是誰？為什麼他的離去驚動了這麼多人，為他的離去頓足捶胸，哀嘆不已，為什麼他有著那麼大的魅力，成為幾代人的精神楷模？柯比·布萊恩，前 NBA 喬·布萊恩的兒子，職業籃球隊員，生前效力美國 NBA 湖人隊。這個 3 歲就開始打球，還是高中生時就加入 NBA 的職業選手，曾經幫助湖人隊拿下 5 次冠軍，NBA3 萬分最年輕的選手，的確有著強大的子承父業的籃球基因和天賦，但這世界上，有天賦的籃球選手很多，而柯比卻只有一個。這個得分王短暫的一生除了為我們留下了無數的經典球場瞬間的記憶，更因為他那超乎尋常的自律和堅韌，因為柯比

精神而成為一代又一代努力奮鬥著的年輕人的榜樣！當年的柯比曾有過一整個賽季 0 分的紀錄，從此後，他每天凌晨 3 點準時起床去球館訓練。羅伯特·阿勒特，是美國一位知名的體能訓練師。他在《我和柯比的訓練故事》一書中曾這樣回憶：在備戰 2012 年倫敦奧運會期間，羅伯特和美國男子籃球隊一同來到拉斯維加斯集訓。在隊員們開始合練的前一個晚上，忙了一天的羅伯特正準備上床休息，手機響了起來。他想，這麼晚是誰打來電話呢？因為時間已是凌晨 3 點 30 分。不會發生什麼意外吧！羅伯特有些緊張地接起電話。電話的那一邊是科比。

「羅伯特先生，希望沒打擾你。」柯比禮貌的問著，沒有一點大牌球星的架子，儘管羅伯特睏得快要支撐不住了，但他仍然很客氣地說：「怎麼會打擾呢？柯比，有什麼事嗎？」電話那頭說的柯比說：「我想知道，你是否能幫我做點體能訓練？」，「當然，等下在訓練館裡見！」羅伯特掛了電話，便匆匆往訓練館趕，他想，不能讓柯比在那兒等著。到了訓練館，羅伯特吃了一驚，原來柯比早已到達訓練館，而且他已經練得渾身是汗，像剛從水中爬出來的一樣。見到羅伯特的柯比說：「辛苦你了，我們開始吧。」在羅伯特的指導下，柯比用了 1 小時 15 分鐘進行體能訓練，然後是 45 分鐘的力量訓練。當時間快到早上 6 點的時候，羅伯特實在有些堅持不住了，對柯比說：「對不起，我要回酒店休息了。」而柯比卻說：「辛苦你了，謝謝你！也好，我去練投籃。」，那一天裡，柯比在自我的訓練中投中了

800 次，不久之後，他每天可以投中 1,000 次。在後來一次的電視採訪中，當有記者問他：「你為什麼能如此成功？」。「你知道洛杉磯每天早上 4 點鐘是什麼樣子嗎？」柯比反問道。記者搖搖頭說：「不知道。那你說說洛杉磯每天早上 4 點鐘究竟是什麼樣？」柯比抓抓頭，說：「滿天星星，寥落的燈光，行人很少。」說到這裡，柯比笑了，「究竟是什麼樣子，我也不太清楚，但這沒有關係，你說是嗎？每天早上 4 點，洛杉磯仍然在黑暗中，我就起床行走在黑暗的洛杉磯街道上。一天過去了，洛杉磯凌晨的黑暗沒有改變；兩天過去了，凌晨的黑暗依然沒有改變；10 多年過去了，洛杉磯早晨 4 點的黑暗仍然沒有改變，但我已變成了肌肉強健、有體能、有力量、有著很高投籃命中率的運動員。」這就是每天凌晨裡的柯比，柯比的凌晨，正是他超乎常人的自立和自律讓他最終成為湖人隊的精神領袖，以自由飛人的身分馳騁在籃球場上，帶領湖人隊創下豐碩的戰績，書寫和刷新 NBA 賽季的歷史紀錄。他的每場球賽都是一部勵志大片，讓人看後群情激奮，人心振動，這也是為什麼他能成為幾代年輕人的精神楷模。

　　放眼看去，那些比我們有天賦、有資質的人都是如此的自立和自律，我們又有什麼理由還沒有開始奮鬥就大喊著討要自由？這世上沒有絕對的自由，唯有在這之前的自立和自律才會讓我們獲得相對的自由，你想要獲得多少自由，就先需要付出等值的努力和汗水，且在自立和自律的付出後爭取的自由閃閃

發光，無人能擋，讓你隨時可以有和這個世界說不的勇氣和底氣，大踏步頭也不回的離開，去擁抱生活的嶄新和瑰麗。

▌在奮鬥的年齡裡不要尋求安逸

你不喜歡做個上班族並沒有錯，但不工作就是在縱容你的任性和懶惰。

你可以不選擇朝九晚五的工作，可以與合夥人一起去創業，也可以根據自己的專業能力選擇做一份自由職業，但如果在該奮鬥的年齡裡你卻非要選擇安逸，那麼你的人生自然就會與別人的人生存在巨大的差異，這差異除了體現在社會地位、經濟實力上，還會涉及人生的方方面面，問題是，當我們正青春的時候，手裡明明都握著同一幅牌，甚至你的牌比其他人的都要好的時候，你卻選擇安逸。牌局上我們最終輸的或許只是一次遊戲，但在漫長的歲月中，如果我們沒有善用正青春的資源，我們輸的則是自己的人生，而沒有人會想要這樣的人生。

安逸是指一個人在身體或精神上的舒適與享受。單純的安逸正是我們努力奮鬥後終極追求的健康狀態，閒來庭前看花，靜時一盞清茶，但如果在我們尚未獲得經濟和精神獨立的時候就去東施效顰，最終我們的身體和精神也會隨之陷入萎靡和頹廢。最近幾年，一種遠離塵囂、進山生活的趨勢流行開來，在媒體的大肆宣揚下，一些初入社會的年輕人因為在職場屢屢受

挫便加入了這支遠離世俗的隊伍，開始進入不同的山區尋求所謂的世外桃源的安逸生活。回歸自然，返璞歸真原本是一種健康的生活狀態，也是很多人的終極夢想，遠有美國著名的自然主義作家亨利·大衛·梭羅（Henry David Thoreau）和他的《湖濱散記》，近有著名文化學者余秋雨的在辭去公職後走訪名山大川，帶著對中華文明盛衰的思考寫出的《山居筆記》，以及近年在宣導保護環境，愛護自然的呼聲裡，大批年輕的設計師、建築師、藝術家走進山村鄉野為當地居民和孩子建圖書館、校園的民間自發行為，但同時，也有很多尚不能獨立生活的青年人為了逃避生活和工作的壓力躲進深山去尋求所謂安逸的舉動，他們入不敷出，甚至還經常伸手向家裡尋求經濟和物質的支持，既沒有面對外面世界的勇氣，也不腳踏實地，卻還口口聲聲的宣揚自己是純樸的自然主義。

在大學工作的歲月讓我有很多接觸學生的機會，令人最為痛心的時候常常是看到每屆學生中都有因為不及格的課程而被勸退或無法畢業的現象，學生居然一年中會不及格 8 門課程，有的沉迷於遊戲，有的大量曠課。某次，我們對學生就業意向做了統計研究，發現有很多學生之所以讀研究所是因為想進入體制內工作，而進入體制內工作的原因一是覺得工作穩定，待遇優厚，另一方面很重要的原因是認為體制內的工作十分安逸，鮮少加班，不像在企業或公司裡工作那麼辛苦。誠然，我們並不提倡有損於健康的超負荷工作，但是，在我們從小學到

大學歷經將近 20 年的求學生涯後，就為了尋求一份安逸的工作豈不是對生命的浪費？這不僅是教育的失敗，也是我們人生的失敗，教育本身是激發生命個體的生命力、創造力及追求幸福的能力，是為國家與社會培養棟梁而存在的體系，結果我們培育出來的人無論是那麼的萎靡和頹廢，何談大到對社會的貢獻與創新，小到對父母的反哺與回饋、對自己人生的珍惜和負責呢？如果在本該奮鬥的年齡裡選擇了所謂的安逸，任歲月蹉跎，那麼在不能或無法奮鬥的年齡裡，我們只有遺憾、困頓和悔恨。

馬雲在創建阿裡巴巴之前曾做過大學老師、推銷員，雷軍在做成小米之前，曾在金山公司堅持十幾年，創建蘋果公司的賈伯斯懷抱著兒時的夢想，創造出一種能改變世界的產品，遂將自己青春的全部熱情貢獻給了他的奮鬥，也最終做到了。當正青春的你想放任自己安逸的時候，就去大學裡的圖書館看看，看看你的同齡人都正在做什麼，青春是最美的歲月，是的，青春的光陰可以有無數種度過的方式，但唯有奮鬥的青春最美麗。

▌平凡的是生活，不平凡的是人生

你也許會說，我沒有那麼大的志向和夢想，也沒有那些大人物的天賦和智商，我一生只希望做好一個凡人，過好平凡

的一生。或許從來沒有人告訴過你，過好平凡的一生往大裡說是個永恆的哲學命題，往其他方向說，其實也是一個人不小的志向和夢想，而且更接地氣，因為我們中的大部分人都會平凡的度過一生，能將平凡的生活過得精彩本身就是一種智慧。遺憾的是，正在高速發展的商業與物質型社會一直在過於宣揚成功的價值且評判成功標準單一、蒼白，學校裡大部分的教育除了傳授科學知識外，鮮有關於對平凡人生的認可與認知的傳授，似乎人人都只有一個目標：將被培養成為社會的菁英、中流砥柱、成功大咖，而事實卻是，小人物一樣可以活得成功而精彩，平凡的人一樣可以過得不平凡。因為成功和不凡並不應該有著固定的量化標準，它與幸福一樣，一千個人有一千種成功，一萬個人有一萬種不凡，只要我們在歲月中時時能感受到來自內心的從容、喜悅、快樂和滿足，並沒有傷害任何人，就可以說我們的人生是幸福、成功和不凡的。

　　某篇小說以兩個兄弟為中心，成功刻畫了當時社會一群平凡人的形象，作者保持著一種溫暖的情懷，將他們生活方式做到了極大的尊重和認同，更透過這部作品告訴我們這樣的人生真諦：人，無論地位多麼低微，無論多麼貧寒，只要一顆火熱的心在，只要能熱愛生活，生活對他就是平等的。踏實的做一名勤懇的勞動者，不把不幸當作負擔，才能去做生活的主人，用自己真誠的心去體驗生活，生活最終也會給予他最真誠的回報。雖然如今的社會背景已大有改變，但這部耗時 6 年的傑作之所以有著它

生生不息的靈魂，就是因為作者筆下的人物一直栩栩如生地活在我們中間，他們就是當下的你、我、他，如果你認真的去讀這部作品，它將為你打開一扇如何過好平凡一生的大門，我們的人生格局也會隨之發生改變：開闊且堅定，溫暖且從容，這就是一部偉大之書的魅力與力量所在，它恰恰是無數個平凡之人的人生寫照。

　　毛姆（William Maugham）在《月亮與六便士》裡寫到：「我拚盡全力，過著平凡的一生。」不難看出，平凡的生活一樣需要奮鬥，因為生活雖然平凡，人生是不平凡的，它會隨時給我們提出各種問題和挑戰，伴隨各種變動和變故，需要我們從精神物質等各方面應對和投入，沒有人什麼都不做就可以順順利利，一勞永逸的度過一生，而且就算是平凡的人生裡，我們也一樣有馬斯洛的五種需求，且只有在這些需求一一得以實現的時候，我們平凡的一生才會獲得滿足，這是科學，更是人性使然。我們知道，在哈佛大學那個著名的人生軌跡追蹤實驗中顯示，不論出身如何，我們中的大部分人最終幾乎都會平凡的度過一生。朴樹在他的歌曲〈平凡之路〉中這樣唱到：我曾經跨過山和大海 / 也穿過人山人海 / 我曾經擁有著的一切 / 轉眼都飄散如煙 / 我曾經失落失望失掉所有方向 / 直到看見平凡才是唯一的答案。當我們用盡力氣，全然投入，勇敢嘗試後，我們或許依舊沒有那些燦爛耀眼的光環，沒有位高權重的社會地位，沒有腰纏萬貫的財富，我們仍然是一個個小人物，一個敲打著電腦鍵盤的祕

書，一位編輯部裡的編輯，一個房地產銷售員，一個安靜的咖啡師，一個賣煎餅的攤販，一個溫柔呵護孩子的母親……可那又如何，如果我們都能以平凡人的心態過好當下平凡的生活，在平凡的崗位上做好平凡的工作，熱愛日復一日平凡的人間煙火，那麼每個平凡人的平凡之路都會有其精彩的不凡之處，因為平凡之路本身就是一部偉大的小說，它的書寫者正是如你我一樣的平凡人。

▌在你喜歡的領域裡投入 1 萬個小時

不論我們是怎樣平凡的小人物，生而為人，既然要在這個來過一次的世上走過，且過得精彩，那麼身懷有技就是必要條件，就像狼會捕鹿，熊會抓魚，鳥會叼蟲一樣，動物們那些來自天性的技能是為了保證自己能在有限的大自然的資源裡生存和繁衍後代，而我們人類，除了要實現上述的兩個目標外，因為我們會思考且有語言表達天賦，自然我們有著更高級的追求，我們還需要透過自己的技藝去實現我們的人生價值，獲得自我超越的滿足。

德國科學家經過對數以千計從事藝術、體育、文學等職業人的追蹤研究發現，當我們持續、專注的在一個領域裡工作或研究超過 1 萬個小時以上，我們就完全有可能成為這個領域的專家。美國佛羅里達州立大學的心理學家安德斯·艾瑞克森 [12] 花費數月時間考察了柏林音樂學院的小提琴家，結果發現，最出色小提琴手在他們一生中平均花了 1 萬小時練習，而成績最為平平的平均花費了大約 4 千小時。研究發現，刻意練習對人類在各個專業領域內的提升有一定的作用：如能夠提升人在遊戲領域 26％的表現，音樂領域裡 21％的表現，體育領域裡 18％ 的表現，教育領域裡 4％的表現。作家格拉德威爾 [13] 也在《異類》

12　安德斯·艾瑞克森（K. Anders Ericsson, 1947-2020），瑞典心理學家、康拉迪傑出學者。曾任美國佛羅里達州立大學教授。

13　格拉德威爾（Malcolm Timothy Gladwell, 1963- ），《紐約客》雜誌撰稿人及暢銷作

一書中指出：「人們眼中的天才之所以卓越非凡，並非天資超人一等，而是付出了持續不斷的努力。1 萬小時的錘鍊是任何人從平凡變成超凡的必要條件，他將此稱為「1 萬小時定律」。如果我們每天工作八個小時，一週工作五天，那麼根據「1 萬小時定律」來換算，一個人想成為一個領域的專家至少需要五年。儘管這一大概率原則的最終實現還需要諸如天賦基因、高級培訓、系統學習等條件的制約，但至少向我們傳遞出了這樣的資訊：在某個我們感興趣的領域裡不斷專研和練習是從 A 到 B 的最佳路徑，而不是什麼其他的祕笈使然。那些我們看到的成果，正是遵循了「1 萬個小時定律」的產出，賈伯斯在研發出蘋果手機前歷經了數年的實驗、推翻、再實驗的過程，柯比在成為 NBA 飛人前經歷的是無數個凌晨四點洛杉磯訓練館裡的投籃動作。

　　或許你會問，我為什麼非要成為一個領域的專家呢，它能讓我們有什麼收穫？那麼，我就接著用量化的數字來聊聊有關某個領域專家的話題。《自然》雜誌 2016 年的薪水調查顯示，2015 年美國加州大學裡，有 29 名醫學研究者的人均收入超過 100 萬美元，10 名以上的非臨床研究者收入在 40 萬美元以上。然而，數以千計的博士後年收入在 5 萬美元以下。德國頂尖科學家稅後工資是每月 4,500 歐元以上，還有各種補貼。另外，他們當中許多人兼職為企業提供諮詢服務，收入是薪資的幾倍。

　　家。代表作：《引爆流行》、《眨眼之間》、《異類》、《大開眼界》、《解密陌生人》等。

到 65 歲退休時，德國頂尖的科學家平均可領取最高工資的 72％作為退休金，而一般公司雇員所得退休金平均約占薪資純收入的 47％。德國社會民主黨聯邦議員勞特巴赫（Karl Lauterbach）曾稱，國家給一個教授的退休金總額大約是一個酒吧服務員的20 倍。當然，這裡的例子我們選擇的是頂尖的科學家，你也可以透過各種方式收集到不同職業、職稱的收入量化指標並看到其中的差距，你會發現，任何一個領域的專家與普通人員之間的收入都存在著巨大的差距，此外，在社會地位、公共資源等各個方面，具有專家級別的人都占據著更大的優勢。很顯然，那種在不同崗位中跳來跳去的行為我們並不十分提倡，為了你能獲取相對成功而幸福的人生，我更建議大家在一個你感興趣的領域中深入進去，善用 1 萬個小時定律的原則，將有限的精力集中在對某一專業領域的精耕細作，最終做到專家的級別，那麼無論在物質層面還是在精神層面，你都將獲益不菲。

當然，一萬個小時的堅持與練習並不是我們在某個領域裡成功必然，它更多的是向我們傳遞了這樣的原則：在認清方向，掌握方法的前提下，堅持練習與學習，我們終會在某個領域中有所收穫，這是一個放之四海皆準的法則。

多一分匠人的精神，少一分商人的算計

　　近年來，隨著人們生活水準的提高，人們對涉及生活裡的物品與服務的品質　要求也日益提升，相比於大量消耗品而言，人們開始更青睞「匠人」們手工製作的東西，因為這些作品往往既有獨一無二的特性又有高品質的功能性，可以充分滿足人們對高品質生活的需求。「匠人的精神」也越來越被認可，這是社會經濟與文明發展到一定程度後的必然趨勢。在令人眼花繚亂的商業時代，一個人能耐得住寂寞，反覆在一個領域中或物品上進行「打磨」，將其做到極致，為人們提供優質物品的同時，也傳遞出了一種精神，而這種精神就是「匠人精神」。它意味深遠，代表著一個時代的氣質，與堅定、踏實、精益求精相連，我們的社會目前所缺少的正是這種精神。

　　根據統計，全球壽命超過 200 年的企業，日本有 3,146 家，為全球最多，德國有 837 家，荷蘭有 222 家，法國有 196 家。為什麼長壽企業都在這些國家，是一種偶然嗎？它們長壽的祕訣是什麼呢？經過人們的研究發現，這些國家孕育孵化出的百年企業祕訣在於：他們都在傳承著最古老的匠人精神。日本的匠人精神是全球公認的，這種匠人精神貫穿在大到松下、索尼、豐田這樣的全球性企業，小到市井職人。岡野信雄，日本神戶的小工匠，30 多年來只做一件事：舊書修復。在別人看來，這件事實在枯燥無味，而岡野信雄樂此不疲，最後修復出了奇

跡，任何汙損嚴重、破爛不堪的舊書，只要經過他的手即光復如新，就像施了魔法。在日本，類似岡野信雄這樣的工匠燦若繁星，竹藝、金屬網編、藍染、鐵器等，許多行業都存在一批對自己的工作有著著魔般追求的匠人。他們對自己的出品幾近苛刻，對自己的手藝充滿驕傲甚至自負，對自己的工作從無厭倦並永遠追求盡善盡美。如果任憑品質不好的產品流通到市面上，這些日本工匠（多稱「職人」）會將之看成是一種恥辱，與收獲多少金錢無關，這正是我們應當學習的匠人精神。其實，這種匠人精神早在 2,300 多年前中國的《莊子》中就有記述。梓慶是魯國的一位木匠，鐻（ㄐㄩˋ）是古代的一種樂器。話說梓慶用木頭雕刻的鐻，見過的人都覺得精巧到只有鬼神之工才能做得出。魯王就問梓慶：這麼精妙的東西是如何做出來的？有什麼奧妙嗎？梓慶說道：「我只是一個木匠，哪有什麼奧妙呢？只不過在做工前，不敢耗費精神，靜養聚氣，齋戒三天，不再懷有慶賀、賞賜、獲取爵位和俸祿的思想。齋戒五天，不再心存非議、誇譽、技巧或笨拙的雜念。齋戒七天，已不為外物所動，似乎忘掉了自己的四肢和形體。然後我便進入山林，觀察各種木料，選擇好質地、外形最與鐻相合的，此時鐻的形象已經呈現於我的眼前。然後我將全部心血凝聚於此，專心致志，精雕細刻，將自己純真的本性與木料的自然天性融合製作，器物精妙似鬼神之工，也許就是因為這些吧。」梓慶樸實無華地述說了 2,300 年前一位中國匠人的精神境界與風骨，讓人回味。而

事實上，這種「匠人精神」也一直在傳承和延續，《我在故宮修文物》鐘錶組裡的王津師傅，日復一日的在工作室裡修復古董鐘錶，一修就是幾十年，經他修復的鐘錶都是最高品質的古董級鐘錶，他恢復和保留下了大量珍貴的文化遺產和文物；連環畫泰斗賀友直先生一生致力於連環畫的創作，從業 50 多年裡，完成了以《山鄉巨變》、《李雙雙》、《小二黑結婚》為代表的國寶級經典，還有諸多在木匠、磚雕、攝影等領域的大師級匠人，而他們每個人幾乎都有匠人身上的那份溫暖而謙遜，執著而內斂的氣質。

隨著工業化的發展和進步，以及電子時代、社群時代再到大數據時代轉變，生產效率得以大幅度提升，很多農耕時代最原始的手作工藝也隨之被淘汰和淹沒，但任何事物都有其兩面性，科技的進步、商業的發展在提高生產力，解放勞動力的同時，也讓人類進入了高速運轉的商業時代，環境汙染、資源濫用、身心健康等諸多問題也接踵而至，人們開始懷念和渴望回歸質樸純真的生活，呼喚以專業、單純、用心、獨特為核心的「匠人精神」重現。令人欣喜的是，有越來越多的人人開始尊從自己的內心，更難能可貴的是為生活和工作投入一份匠人的精神，少一份商人的算計。有的人開了間小小的書店，為一座城池堅守精神的港灣，有的人辭掉工作，精心打理一家咖啡館，堅持用最好的咖啡豆，最好的手沖技術為路人送上一杯高品質的咖啡，有的人建了座美術館，定期開辦藝術展，滿足廣大藝

術愛好者對美的需求，還有的年輕人選擇了遠離都市，走近大自然，在那裡開起了民宿或者去邊遠的山區支教，當了一名樸實的教書匠，在充滿匠氣的生活中最終找到了與自我的和解之路。

懂得與自己和解的人多少都是有著「匠人精神」的人，因為，不論周圍環境的誘惑有多麼巨大，他們都懂得聽從自己內心的聲音，堅守自己對所熱愛工作的原則和底線，置外界的喧囂於不顧，全身貫注的做好自己手頭的工作，對待工作不懈不怠、嚴謹、認真，擺脫急功近利的心態帶來的焦慮和壓力，有著這樣的生活與工作態度，加之堅持不懈的努力和投入，回報自是這之後水到渠成的結果，在多一份匠人精神，少一分商人算計的打磨之後，所有我們那些耐住時光的寂寞都會為我們帶來生活上的富足和穩定，更會讓我們體會到工作的價值和人生的意義。

▌利用好時間的價值實現財富的獨立和自由

時間是有價值的，而且很公平。你可能沒有良好的家世背景，沒有太高的學識、能力，但你有時間，而且，上蒼的相對公平在於，它給我們每個人的時間基本是相同的，如果我們能充分利用、管理好時間，善用我們的生命，一樣會實現財富的獨立和自由，進而實現屬於自己的自由人生和價值。「匠人精神」可以讓我們褪去內心的浮躁，更能讓我們從各種矯情中醒來，既然我們沒有天生就躺贏的命，那就別再去生各種矯情的病。在我們討論的開篇，我們就從馬斯洛的需求層次入手，探討了工作的價值，它並不僅僅是賺錢那麼簡單的事，而是承載著人類對基本生存、獲得尊重、實現價值、自我超越不同層次需求的功能和任務，所以，我們需要開始一份喜歡的工作，獲得為實現上述功能現金流的同時，注入「匠人精神」和熱愛堅持下去，走上與自我和解之路，找尋到生命的意義。

找一份喜歡的工作並堅持下去，從商業營運的角度看，就相當於你自己開了家公司，做了自己的老闆。那麼，接下來，你又該如何去經營你的這份工作呢？如果一份你喜歡的工作你都沒有做好，也沒有嘗試過盡力去經營它，甚至不久就這山望著那山高的走人、跳槽，三天打魚、兩天晒網，消極怠工，那麼趁早別去做當什麼老闆的夢，因為，不是你運氣不好，而是你還不夠堅持和努力。如果你還想透過自己的打拚賺取自己想要的生活，那麼就堅持讀下去，然後即刻行動並一路堅持下去。

　　讓我們先來算一筆帳，假設你每個月打工有 5,000 元的現金流收入，按照目前的銀行利率及金融市場投資的平均年化收益率 5% 計算，就相當於你正在運作一個投資 100 萬的小型公司，如果每個月你透過工作能有 10,000 元的現金流收入，那麼就相當於自己在營運一個投入 200 萬的公司，依次可以類推，這樣你便會對自己的價值有個量化的概念，也轉化下看問題的角度。現在，你可能就不會僅局限在每個月只有 5,000 元的收入，為了這 5,000 元你要早出晚歸的在上班大潮中這麼狹隘的問題上了，因為財富自由不是想出來的，更不是抱怨出來的，而是利用時間的槓桿經營出來的。也就是說，現在你需要學會站在經營者的角度去思考問題，你該如何去經營這個每天占用你 8 小時甚至更多時間，投入 100 萬創業資金的公司，讓每個月 5,000 元的現金流充分的運轉起來，透過再投入及你的營運變成每個月 6,000 元、8,000 元甚至更多呢？這就需要我們學習和掌握一些基本的投資和理財技能，因為我們永遠賺不到我們認知之外的財富，而君子愛財，取之有道，其中的道就是我們對財富的認知。

　　首先，我們要有的概念就是標準普爾家庭資產配置，也就是財富中的風險分散，將我們透過辛苦工作累積起來的財富和資產進行合理的配置，根據這個國際公認的配置原則，我們需要把家庭資產分為四個部分：其中日常生活中要花的錢占比總資產的 10%，保命的錢占比總資產的 20%，用來投資實現大幅增值的錢占比總資產的 30%，實現穩健保值增值的錢占總資產的 40%。

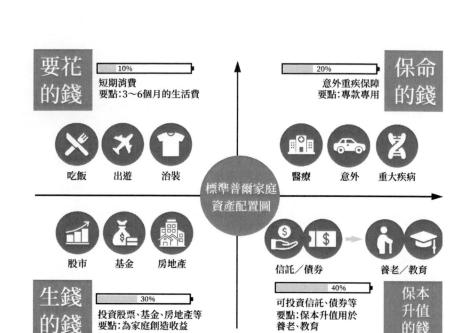

其次，我們需要了解的是一個被投資界稱之為 72 定律的投資法則，這個法則經常被保險金融界拿來進行複利的計算。舉個例子來說，按目前銀行理財的年利率 4%計算，用 72/4 = 18，這裡的 18 就是我們存入銀行一筆錢翻倍的年限，如果你現在存入 10 萬，那麼 18 年後，按照現在的銀行利率，你的帳戶裡這筆錢將會變成 20 萬。知道了這個基本法則後，你就可以根據自己的實際情況，結合標準普爾家庭配置對自己的資產進行分配。

從投資的角度說，每個月工作獲得的報酬是我們投資所需的穩定現金流，去掉我們的生活成本的結餘就可以按照標準普爾法則進行再分配和投資，並養成習慣，標準普爾法則會幫

助我們有效的控制資產分配和投資過程中的風險，收益越高的投資風險也越高，而風險的承受能力也會因個體的風險承受能力、投資風格有關，在你還不是很清楚這些要點時，你可以與你的銀行經理好好探討下，做個整體的評估和預案，而後就是保持持續的投資、再投資的習慣，每年評估一下資產的整體情況，再根據當年的經濟形勢做出相應的調整，經過 3 ～ 5 年的初步摸索，你便會發現，錢會不斷生錢，我們完全可以讓錢為我們工作而不是被動的被它牽著鼻子走，而我們則可以將更多的精力投入到擅長的專業領域中，獲得更穩定的財富回報。

很多實現財富自由的人並不是含著金鑰匙出生的人，甚至他們中的大部分人都出身平凡，他們往往靠的是自身對商業投資的敏銳觸覺，充分利用好時間的複利效應，保持長期的投資習慣，透過賺取人生的第一桶金後繼續進行再投資，讓錢為自己的夢想工作，完成財富的累積過程，實現最終的財富自由，再用財富去創造幸福的生活，收穫幸福的人生。

所以，從今天起，別再抱怨，利用好時間的價值，去爭取屬於自己的財富獨立和自由吧。

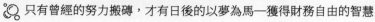

共情與共生，自由而獨立
——與群體和解的智慧

▌共情是與他人和解的能力

　　最初提出「共情」一詞的是德國心理學家立普斯（Theodor Lipps）。德語中有個詞，意思是「感受進去」，很好地體現出了意境，後來英美心理學家將德語「感受進去」這個詞借用過來，變成即共情或同理心（Empathy）。遺憾的是人類因貪婪的欲望而對有限資源的競爭和占有從未停止，自盧梭的「社會契約論」起既假設社會是由一群自由自在、無所羈絆的個體為避免紛爭組成的群體，絲毫沒有看到人類具有互相依賴的社會性的一面，史賓賽（Herbert Spencer）的社會達爾文主義則認為人類社會是充滿競爭的，人與人之間是赤裸裸的利益關係，德國古典哲學，則一直推崇理性至上，即便存在道德和善，也是由理性匯出的，而人類天生帶有對同類、對生命的共情和關注幾乎被忽略殆盡，理查·道金斯（Clinton Dawkins）的《自私的基因》的出現，更是對這些現象起到了推波助瀾的作用……科技的進步從某種程度上說也為人類社會注入了冷冰冰的競爭，努力爭取、在奮鬥之路上贏過對手甚至一直是我們教育裡的主導理念，那些排名靠前的學生總能獲得來自各方的認可和最好的資源，善良、分享、包容、同情這些鼓勵人類天性中美好一面的教育少之又少，可以說人類的共情心一直沒能得到應有的重視，而且阻礙重重。

　　為了驗證高繁殖力的老鼠是否具有同情的天性，神經生物學家佩吉·馬森將成對的老鼠放在透明的盒子裡。其中一隻老鼠被隔離到一條透明的塑膠管道中，管道的一端有一扇門，只能從外側打開，而另一隻老鼠來去自由。老鼠通常習慣於避開開闊的空間，喜歡躲在角落裡，或沿著牆壁走動，但是在每個測試中，那只來去自由的老鼠都會離開安全的角落，想方設法把門打開，釋放受困的老鼠。受困的老鼠被釋放之後，兩隻老鼠就會相互碰鼻，老鼠的善良和體恤出人意料。在老鼠身上進行的其他移情測試表現出了相似的結果：自由的老鼠會幫助其他老鼠逃離各種不悅的甚至痛苦的情形。在一項測試中，研究者諾布亞·佐藤調查老鼠是否只顧吃自己喜愛的巧克力，而不去幫助其他老鼠。結果證實，在 50％到 80％的情形下，老鼠在吃巧克力之前會先幫助同伴。同樣的結果還在不同動物之間得到驗證，可見，生命個體之間的同情與共情是一種與生俱來的天性。這一發現對我們人類顯然具有重要的意義，人類是更高級的動物，對情感的理解和表達有比低級動物更強大的能力，而遺憾的是因為對競爭的過度宣揚和強調，我們鼓勵了人性中更多的冷漠、自私、好鬥的一面，事實上，無論是那些幸福指數高的國家還是最受歡迎的雇主，更多的是在透過各種激勵政策鼓勵人性中善良、勇敢、自信、陽光的一面，激發人與人之間的共情能力，互惠互助，和諧共生。

適度的共情能力是我們與他人、與群體、與社會和解的關鍵，它存在於各方面不同的關係中，情侶之間的共情會促進彼此間的情感，家人之間的共情會增進彼此間的信任，同事之間的共情會鞏固彼此的合作，陌生人之間的共情會讓我們感受到世間的友好……只有我們懂得感同身受，懂得換位思考，將自己常常置於對方的情境下思考，才能更加理解他人的所做所為，懂得對方的難處，用情感化解人與人相處之間的矛盾，競爭之時的激烈，誤解之間的尷尬，我們的媒體也應該盡可能的挖掘人性中共情之美，大力宣揚人與人之間共情的溫暖，營造出互助互愛的社會環境，我們的社會才能多一分包容和信任，少一分自私和冷漠。

▌培養值得信任的友誼

一個路人發現路旁有一堆泥土，從土堆中散發出非常芬芳的香味，他就把這堆土帶回家去，一時之間，他的家竟滿室香氣。路人好奇而驚訝地問這堆土：「你是從大城市來的珍寶嗎？還是一種稀有的香料？或是價值昂貴的材料？」

泥土：「都不是，我只是一塊普通的泥土而已。」

路人：「那麼你身上濃郁的香味從那裡來的？」

泥土：「我只是曾在玫瑰園和玫瑰相處很長的一段時期。」

和什麼樣的人相處，久而久之，就會有相同的味道。我們不但是靠近玫瑰的泥土，吸收它的芬芳，更自我期勉，也能夠成為可以帶給別人香味的玫瑰。

一隻蝨子常年住在富人的床鋪上，由於牠吸血的動作緩慢輕柔，富人一直沒有發現牠。一天，跳蚤來拜訪蝨子。蝨子對跳蚤的性情、來訪目的、是否對己不利，一概不聞不問，只是一味地表示歡迎。牠還主動向跳蚤介紹說：「這個富人的血是香甜的，床鋪是柔軟的，今晚你可以飽餐一頓！」說得跳蚤口水直流，巴不得天快黑下來。當富人進入夢鄉，早已迫不及待的跳蚤立即跳到他身上，狠狠地叮了一口。富人被從夢中咬醒，憤怒地令僕人搜查。伶俐的跳蚤跳走了，慢騰騰的蝨子成了不速之客的替罪羊，蝨子到死也不知道這場災禍的根源。

蘇霍姆林斯基 [14] 曾說過：「友誼是培養人感情的學校」。在我們的一生中，培養值得信任的友誼對我們漫長的人生是一種巨大的支撐，沒有人是一座孤島，無論是在物質還是精神上你有多麼豐富，卻不能替代真摯的友誼，但我們要懂得，不要結交那些對我們有害無益的朋友，不要被拖入他們人生的渾水之中。我們的環境和朋友，對我們的一生有莫大的影響，可以說，交上怎樣的朋友，就會有怎樣的命運。因此，在選擇朋友時，你要努力與那些樂觀自信、富於進取心、品格高尚和有才能的人交往，這樣才能保證你擁有一個良好的友誼環境，獲得好的精神食糧與真誠的幫助。友誼是一種溫靜與沉著的愛，為理智所引導，習慣所結成，從長久的認知與共同的契合而產生，沒有嫉妒，也沒有恐懼，這正是孔子所說的「無友不如己者」。相反，如果你擇友不慎，結交了那些思想消極、品格低下、行為惡劣的人，你就會陷入充滿負能量的環境難以自拔，甚至受到「惡友」的連累，成為無辜受難的「蝨子」。假如你已不慎交上了壞朋友，應該即刻警醒，懂得及時止損，要知道：把一隻爛蘋果留在筐裡，會使一筐的蘋果都腐爛掉。與充滿智慧的人往來，必司獲益；與愚昧的人作伴，人生灰暗。

14　蘇霍姆林斯基（Vasyl Sukhomlynsky, 1918-1970），蘇聯教育家、兒童文學家。代表作：《給教師的一百條建議》、《和青年校長的談話》、《巴甫雷什中學》、《教育的藝術》等。

▌甲烷分子的祕密

　　世界上沒有兩片相同的葉子，同樣，也沒有兩個一模一樣的人，自然也就沒有一模一樣的思維、想法和行為，既然沒有人是一座孤島，我們都是社會動物，個體與群體多少都會發生碰撞和連結，那麼了解個體和群體的特徵，如何處理好個體與群體的關係是每個社會人都需要學習的智慧。

　　荷蘭傑出的化學家凡特荷夫[15]發現，甲烷分子是一種正四面體的立體結構，每個面上頂角為 109 度。有位學生對老師說：「在實驗室裡，當這種氣體透過一段玻璃導管吹到手背上，那種輕柔的感覺怎麼讓人都無法想像出它的立體結構。」凡特荷夫笑了，他風趣地告訴學生：「個體和群體的差異是無法靠想像來判斷的。當你在夏天的海灘邊，躺在沙灘上，盡情地往身上撒著細細的沙子，享受陽光和閒暇時，你不會想到每一粒沙子在顯微鏡下，會有那麼多鋒利的尖角。」這個故事告訴我們每個個體都有著自己的特性和棱角，而要想創造一個和諧的群體則需要個體與個體之間，個體與群體之間的通力合作與配合，這也是為什麼我們在職場中需要的「團隊意識和精神」，在家庭關係經營過程中要懂得的「妥協與愛」，在朋友關係中需要「理解和包容」。個體彼此間的差異讓各種群體和關係充滿活力、合作的同

15　凡特荷夫（Jacobus Henricus van't Hoff, 1852-1911），生於荷蘭鹿特丹，逝於德國柏林，荷蘭化學家，1901 年獲諾貝爾化學獎。

時，也因由差異會引起競爭、衝突，而我們需要學習的就是如何讓充滿活力的合作發揮最大的功能，同時盡可能的避免和減少競爭和衝突。

日本擁有很多世界知名的百年企業，如索尼、松下、東芝，除了與這個民族將骨子裡的「匠人精神」發揮到極致有著密切的關係外，也與他們在企業營運和管理上的很多科學的方法和原則有關，其中「菠菜原則」就是日本企業管理的基本原則，企業裡的任何一個雇員無一例外都需執行這條原則。該原則由三個基本要點組成，即「報告」、「聯絡」、「溝通」。所謂「報告」，就是需要將自己工作的進展狀況隨時通知同事，「聯絡」是要將自己目前遇到的問題通知有關同事，而「溝通」則是工作遇到問題時，一定要找同事或上司諮詢，用集體智慧予以解決。「菠菜原則」之所以讓日本企業獲益因為它是個人與企業之間協調性原則的延伸。在日本人的觀念中，教育的目的不是培養菁英，而是培養能夠適應嚴酷集體生活的有協調性的人，因為，人只有在群體中處理好個人和群體的關係，與其他個體和諧相處，與企業協調共存時，企業和個人才能發揮最佳狀態，獲得最好的效益。企業就好比是一臺巨大的高速運轉的機器，每個個體則是這個運轉機器上的配件，只有在各個配件各盡其職，協作分工的情況下，才能保證機器的正常運作，產出高品質的產品和服務，而一旦某個或某些配件無法按指令完成工作，不能協作生產，勢必影響整部機器的運作，作為個體的配件也將面臨著被替換的局面。

　　個體與群體的互動無處不在，小到職場的專案小組裡，大到世界盃的賽場上，懂得與自我和解的人也懂得平衡個體與群體的關係，因為他們知道個體不會孤立的存在，只有在與群體的和諧共生中才能彰顯自身的價值。與群體和解並不是要求個體放棄自己的判斷，屈服於群體的意識，而是在與群體的互動中遵守群體的規則，尊重群體中的每個個體，透過自身的智慧助力群體完成共同目標的同時，收穫自身的成長和超越。

▎群體中的叢林法則

　　每個群體都有自己的規矩和法則，大自然裡的萬物能夠和諧共生數十億年，依靠的是自然規律和法則，而做為高級動物的人類，我們所在的群體經過數十萬年的演化也形成了人類群體生存合作的規律和法則。如何與群體和諧共處，更好的獲得生存資源和本領是個體需要學習的技能和培養的智慧。

　　叢林法則（the law of the jungle）是自然界裡生物學方面的物競天擇、適者生存、優勝劣汰、弱肉強食的規律法則。它包括兩個方面的基本屬性，一是它的自然屬性，另一個是它的社會屬性。自然屬性是受大自然的客觀因素影響，不受人性、社會性的因素影響。因為自然界中的資源有限，所以只能強者才能獲得最多的資源，這一屬性主要體現在植物界方面。胡桃樹下幾乎寸草不生，因為胡桃的樹根能夠分泌一種化學物質，

對其他所有植物生長具有殺滅作用。檜柏與薔薇科植物相間種植或種植距離比較近，它們就會感染一種叫做「蘋檜鏽」的病害，進行一場你死我活的較量。臭椿樹和泡桐、楊樹等樹種栽植在一起時，靠近臭椿一側的枝條就會枯死。高大的喜陽喬木種植在一起，不管是不同樹種之間還是同一樹種之間，只有長得高大茂密的樹木才能得以存活，而對於那些矮小瘦弱者終會枯死。叢林法則的社會屬性一般則體現在動物界，人身為高等動物，在生產力、科學技術發達的時候，特別是現代，人類利用自己的主觀意志，改變了許多叢林法則的自然屬性，改變為以人的意志為主的客觀事實。例如：人能改變植物、動物的物種，生存條件、環境，也可以決定它們的生死狀況，人為地改變了叢林法則的自然屬性，這就是叢林法則的社會屬性，顯然，身為人類的個體，我們在與人類群體共生的過程中既要考慮到群體中的自然屬性又要考慮到其的社會屬性。

在群體生存的叢林中，不僅僅只有血肉模糊的弱肉強食，互利互惠也是叢林法則的重要組成部分，和同類或其他生物的合作處處可見。狼素以堅韌、團結、紀律性強而著稱，其為高度社會化的動物，每個狼群的內部都等級森嚴、分工明確，沒有狼可以逾越，否則就會被嚴格懲罰，甚至被驅除出狼群。實際上狼的個體並不強壯，單體作戰能力無法同虎豹相提並論，但嚴格的紀律、高效的分工模式反而讓狼群保持著強大的戰鬥力。北美地區的狼群經常圍攻棕熊，後者寡不敵眾，往往會落荒而逃。美國喬

治亞理工學院的科學家們對火螞蟻進行了一項研究，發現這種螞蟻在遇到洪水時就會立刻相擁在一起，彼此「手把手」，組成一個巨大的「救生筏」，能夠漂浮在水面上，牠們借助於體毛形成的一層空氣膜，可確保每一個成員都能倖存下來。

在生物進化理論中，不同物種之間以及同類物種不同個體之間的生存競爭優勝劣汰是普遍存在的。儘管如此，同種的、或至少是在同一個群體的動物之間，也存在著互相維護、互相幫助和互相防禦。著名的俄國動物學家凱士勒教授早在十九世紀就曾經指出，動物之間除了生存競爭法則之外，還存在一條可以叫做互助的法則，這個法則遠比優勝劣汰的叢林法則更重要得多，動物世界的逐步發展，特別是人類的發展，個體之間的互助遠比互爭所起的作用要大得多。因為，不論是大自然裡的植物、動物甚至是微生物還是我們人類，我們更多的是要和諧共生，而不是彼此殺戮，所以這也是為什麼職場裡更看中個體的「團隊意識與精神」，企業需要個體協作分工，互利互助提升企業的效率效益的同時，也讓個體更加獲益。

▌分寸感就是成熟的愛的象徵

曾有人說過：「分寸感是成熟的愛的象徵，它懂得遵循人與人之間的距離，這個距離意味著賦予對方作為獨立人格的尊重，包括尊重對方獨處的權利。」更簡單的說，分寸感就是在人與人相處的過程中，我們的言行讓對方感覺舒服的處理方式和能力，而這種令人舒適的分寸感大到處理國與國之間的外交關係，小到我們成功處理家庭中的親密關係，職場中的人際關係，親朋鄰里關係，朋友間的情義關係都至關重要，甚至決定了我們的幸福指數。

一個懂得分寸感的人，首先是個說話得體的人。作家海明威說過：「人用兩年時間學會說話，卻要用一輩子學會閉嘴。」有人問哲學家泰奧弗拉斯托斯（Theóphrastos）：「在交際場合一言不發好不好？」泰奧弗拉斯托斯回答：「如果你是傻瓜，一言不發是聰明的；如果你是聰明的，一言不發是愚蠢的。」可見，說話並不是件難事，而會說話，在什麼時候說什麼話，且懂得適時保持沉默才是關鍵，這是人一生中最難的一項修行，很多人正是因為缺乏這種能力和修養，不懂得掌握說話的分寸，才在處理各種人際關係過程中敗下陣來。馬歇爾·盧森堡[16]說：「也許我們並不認為，自己的談話方式是暴力的，但語言，確實常常引發自己和他人的痛苦。」

16　馬歇爾·盧森堡（Marshall Rosenberg, 1934-2015），美國心理學家、調解人、作家和老師。從 1960 年代初開始，他開發了非暴力傳播，這是一個支持夥伴關係並解決人與人之間，人際關係和社會中衝突的過程。

　　不追問、不妄議、不說破，都是說話的分寸，也是做人的分寸。一個做事有分寸的人，在職場裡能夠理清自己的職能範圍，知道什麼該做什麼不該去做，如何有分寸的去表現自己，時刻懷有一份謙卑。在某電視節目談及辯論與主持的區別時，蔡康永說：「辯論是在舞臺上充分展示自己，而主持則要退到一個相對輔助他人的角色裡。」他是這樣說的，也是這樣做的。在主持《康熙來了》節目時，他從不搶嘉賓的風頭，甘當綠葉。而在《奇葩說》中，他有條不紊地表達自己的觀點，又從未退讓。人與人之間的接觸是很微妙的，尤其在職場中，很多時候，知而不言、笑而不語才拿捏好分寸的關鍵。做好自己該做的事情，拿捏好分寸，既讓別人舒服，也會讓自己少很多麻煩。著名文學家楊修，是世人公認的聰明絕頂、才思敏捷的人才。有次陪同丞相曹操一起去遊覽新建成的一處園子，遊覽後曹操什麼話都沒說，在大門上寫了一個大大的「活」字後就走了。負責修建園子的官員們莫名其妙，聰明的楊修卻領悟了曹操此舉之意，馬上告訴他們那些官員：「門中加一個活字，不就是闊字嗎？丞相是嫌這門開得太大了，改小一點。」還有一次，有人送給曹操一盒酥，曹操提筆在盒子上寫了「一合酥」三個字。楊修看到後，立刻自作主張地將那一盒酥餅分給大家吃掉了，還振振有詞地說：「丞相寫這一合酥，就是說一人一口酥的意思呀。」楊修利用他的才智這樣多次耍小聰明，引起了曹操的反感與嫉恨。直到後來，曹操帶兵在漢中與諸葛亮交戰，

戰事極不順利，又趕上連降大雨，大軍一時陷入進退兩難的境地。一天傍晚，部下問他今晚的夜行口令是什麼，曹操隨口說了聲「雞肋」。楊修聽到這個口令後，立刻勸將領們收拾行李，準備撤退。將領們問他為什麼，他說：「雞肋這東西，吃又覺得沒味，不吃丟掉又覺得浪費，丞相用它作今夜口令，表示他打算放棄這裡了。」曹操得知此事後勃然大怒，以擾亂軍心罪處死了楊修。楊修的確很有才，但他逾越了自己身分該有的界限，一味地去表現自己的聰明才智，失了身為下屬的分寸最終引來殺身之禍。

　　一個有分寸感的人，也是懂得在親密關係中給給彼此留有空間和距離的人。寒冷的冬季的夜裡，兩隻刺蝟十分困倦，但刺骨的寒冷令他們無法入睡，他們決定透過抱團相互取暖。可由於牠們各自身上都長滿了尖尖的刺，緊挨在一起就會刺痛對方，刺痛的難受讓牠們怎麼都睡不舒服。因此，兩隻刺蝟決定選擇分開了一段距離，可是這樣又實在冷得難以忍受，無奈還是得抱在一起。折騰了好幾次，牠們終於找到了一個比較合適的距離，既能夠相互取暖又不會彼此被紮。這就像我們在處理親密關係時一樣，在一段關係中，彼此的優缺點會因親密度的增加，而會被無限放大。彼此在相愛依戀的同時，卻又會因為近距離的相處讓彼此身上缺點的紮到對方，如果我們強行闖入對方的舒適區，不但不會拉近彼此的關係，還會引起對方的反感，使關係惡化。只有在相處關係中學會拿捏分寸，做到進退有度，才能更好維持任何一段，任何一種我們珍視的感情。

可見，大千世界裡對分寸感的掌握無處不在，文章多一字不達，少一字不美，好畫多一筆有損，少一筆欠佳，一如哲學家笛卡爾所說，「美是一種恰到好處的協調和適中。」多一分，少一寸都有失恰當，在與人的相處過程中更是如此，令人舒服的分寸感是促進人與人之間關係的潤滑劑，更是我們處理好朋友、職場、婚姻、家庭、親子關係的關鍵，一句話，一個眼神，一個動作，甚至有時候是一份沉默就會令彼此如沐春風，化干戈為玉帛，讓對方感覺舒服的同時，也讓自己收穫快樂。它讓我們懂得如何予人以愛，又怎麼去愛，因為分寸感本身就是成熟的愛的象徵。

▌我們可以並不烏合的存在

如果說有哪本書是讓我們了解個體與群體的經典之作，可以向我們傳授個體與群體相處時的智慧，應該非法國社會心理學家古斯塔夫·勒龐[17]的《烏合之眾》莫屬。在這本書中，勒龐闡述了群體以及群體心理的特徵和本質，指出當個人是一個單獨的個體時，他有著自己鮮明的個性化特徵，而當這個人融入了群體後，他的所有個性都會被這個群體所淹沒，他的想法立刻就會被群體的想法所取代。當一個群體存在時，他就有著情緒化、無異議、低智商等特徵。勒龐在書中細緻考察群體的

17　古斯塔夫·勒龐（Gustave Le Bon, 1841-1931），法國社會心理學家、社會學家，以其對於群體心理的研究而聞名，被後人譽為「群體社會的馬基維利」。勒龐認為，在群體之中，個體的人性就會淹沒、獨立的思考能力也會喪失，群體的精神會取代個體的精神。

一般性心理特徵，探討群體的道德觀、情感、想像力、信念等諸多層面，指出個人進入群體之後容易喪失自我意識，在集體意志的壓迫下成為盲目、衝動、狂熱、輕信的「烏合之眾」的一員。所以，從某個角度上說，我們隨時都可能是某一群體裡「烏合之眾」的一員，比如青春期的時候，我們要麼是被自己同伴疏離的個體，要麼就得跟隨個小群體以獲得一份同齡人的認可。

勒龐認為之所以會有上述的現象出現，是因為我們身而為人，自我意識在群體意識下受到了裹挾，群體意識大多時候不會給個體帶來積極的影響，它只會將個體優異的智慧差異淡化，將個性削弱，讓人變的盲從，從而顯得更加無知。而群體的影響則會深深的影響到個體，讓人變得更加衝動、善變，缺乏長遠的思維。這是一種個體的悲哀，更是一種群體的悲哀。構成這個群體的人，不管他是誰，不管他的生活方式有多大區別，不管他的職業是什麼，不管他是男是女，也不管他的智商是高還是低，只要它是一個群體，那麼這個群體就擁有一個共同的心理，即集體心理。

當我們是同一群體中的一員的時候，我們的感情，思維和行為與我們單獨一個人的時候迥然不同。單獨一個人必須要為他的行為承擔責任 —— 法律上和道德上的，但是群體則不然，群體不需要承擔任何責任，群體就是法律，群體就是道德，群體的行為天然就是合理的。群體情緒的相互傳染，形成起著決

定性的作用，決定了群體行為選擇的傾向。在群體中任何一種感情和行動 —— 只要這種感情與行動不合常理，都會很容易傳染開來，其程度之強足已讓一個人隨時準備為另一個與他毫不相干的人做出犧牲或者犧牲群體要排斥的人，我們的潛意識就像潘朵拉的盒子，一旦被打開，就會釋放出大量的本能性衝動力量。群體有著自動放大非理性衝動的能力，暗示的作用對於群體的每一個人都會起到相同的作用。這種作用隨著群體的情緒鏈條的傳遞會越來越強大，直到突破人的思想想像，仍然不會停止下來。

1967 年，美國加州一所高中，歷史教師羅恩·鐘斯為了讓學生們明白什麼叫法西斯主義，搞了一場教學實驗。他提出鏗鏘有力的口號，「紀律鑄造力量」、「團結鑄造力量」和「行動鑄造力量」，並用嚴苛的規條束縛學生，向他們灌輸集體主義，要求他們絕對服從，遵守紀律。令人驚訝的是，學生們非常順從，步調一致地投入其中。他們精神抖擻、穿上制服、做課間操、互相監督，很快凝聚成一個新的團體。他們給這個團體命名為「浪潮」，還設計了一個標誌性的動作：手臂從右往左，劃出一個波浪狀的曲線。學生們沒有意識到自己越來越像納粹分子，他們發傳單、印貼紙、拉攏新的成員。只用五天時間，這個班就由 20 人變成了 200 人。實驗教學結束後，鐘斯在學校大禮堂召開了一次大會，放映了一部第三帝國的影片：整齊劃一的制服和手勢，集體狂熱的崇拜和叫囂。學生們面面相覷，羞

愧不已，這才意識到自己就這麼輕易就被群體意識操縱了，心甘情願地當了一回衝鋒隊員。可見，不論我們進入哪個群體，都隨時有可能成為烏合之眾的一員，思想意識隨時會被裹挾。

因此，為減少群體意識對我們個體的影響，我們在群體中想要保持自己相對的獨立性和思考能力，首先需要學會在內心明確自己的方向，確立自己處世的原則和底線。因為在面對群體的時候，我們可能會被群體的觀點所影響，為了不被集體排斥而做出一些有違背自己原則和底線的事情。我們要時刻提醒自己，保持警惕，不要被群體不正確的行為所影響。此外，當群體提出任何倡議時，我們盡可能不要被旁人所左右，冷靜思考後再作出判斷。因為群體的行為通常帶有一定的有攻擊性，個體有可能會被群體的節奏帶動，隨之而做出一些急躁、衝動、不理智的行為。這個時候我們要學會盡可能的站在旁觀者的角度冷靜思考，設想下如果你不是在這個群體內，你會怎麼去看待群體的提議，深度思考之後再作出自己的判斷，安提西尼曾說過：「想法是比任何貨色都牢固的城牆，因為它毫不會倒塌，也不會交到敵人手中去。」可見，獨立思考是一種強大的力量，它需要我們多閱讀，多觀察並刻意練習。而那些常閱讀，勤思考的人，他們一般很難被一個不理智的言論或者行為所影響，往往會去分析背後的原因，再去做出理性的判斷。

在群體中，我們都有可能是烏合之眾的一員，但我們可以並不烏合的存在，這是在我們與群體和解之路上的智慧。

▍遠離各種以愛為名義的情感綁架

白朗寧[18]曾說，沒有愛的地球彷彿如墳墓。

是的，那些好的愛是一種偉大的力量，給我們溫暖、理解和支撐，並在我們困頓的時候宛如一盞明燈照亮我們前行的路，或將我們奮力的拽出泥潭，救我們上岸，但愛和其他一切情感一樣，有好有壞，那些不好的愛，以愛為名義的情感對我們也有著巨大的傷害。而在與他人相處的過程中，往往最難解決和面對的是那些以愛為名義的情感綁架和傷害，因為它往往來自那些我們最愛的人，離我們最近的人。而懂得與自己和解的人往往是懂得處理這些情感綁架的個體，他們知道如何識別並能及時讓自己的身心從中抽離出來，遵循自己的內心，取悅自己，善待自己，進而獲得身心的從容與平靜。

因為我們隨時都生活在各種關係中，在各種深深淺淺的關係維護中，我們有理性，更有情感，而當情感被對方利用，讓我們覺得失誤、內疚、不安甚至是恐懼的時候，不論是哪種關係都正在讓我們經歷著情感綁架。它或許來自家庭中的父母，親密關係中的愛人，多年交往的朋友，有血緣的親戚又或者來自職場裡的同事、上司，當我們處在與這些關係的健康狀態裡時，我們被愛、信任、愉悅所包圍和支撐，而當我們處在

18　白朗寧（Robert Browning, 1812-1889），英國詩人、劇作家，代表作：《戲劇抒情詩》、《環與書》；詩劇《巴拉塞爾士》等。

不同關係的情感綁架裡時，我們則會感到上述的不安、內疚、壓迫、疲憊甚至焦慮，這其實是對彼此的內耗和傷害，久而久之，這種傷害的惡性循環甚至會導致各種極端的後果，比如最近幾年發生的北大包麗的死，泰國高額保險蓄謀殺妻案等。而當我們一旦意識到自己已身處各種以愛為名義的情感綁架中時，最好的辦法就是及時轉身和止損。

心理學家湯瑪斯·莫里亞蒂[19]在紐約市的海灘上曾經做過一個實驗。研究人員在海灘上隨便找一個人作為實驗對象，然後將一條浴巾放在離實驗對象 5 英尺的地方，接下來很放鬆地躺在浴巾上聽著可攜帶式收音機裡傳來的音樂。幾分鐘後他從浴巾上爬起來，向海灘走去。過了一會，第二位研究人員來了，他假扮成一個小偷，悄悄拿走浴巾上的收音機。在 20 次的試驗中，只有 4 名受試者挺身而出，阻止偷竊行為。隨後，他們將實驗程式做了一點修改，在第一位研究人員離開之前，他要求受試者幫忙照看一下他的東西。每一個受試者都答應了。由於向對方做出了承諾，20 個實驗對象中，有 19 位挺身而出，阻止「小偷」拿走東西。為什麼人會有如此強大的動力去兌現自己的承諾呢？美國著名心理學家羅伯特·西奧迪尼[20]認為，前後不一通常被認為是不良的品行，一個在信仰、言辭和行為上前後

19　湯瑪斯·莫里亞蒂（Thomas Moriarty, 1939- ），美國心理學家。
20　羅伯特·西奧迪尼（Robert Beno Cialdini, 1945- ），美國心理學家、教授。全球知名的說服術與影響力研究權威。代表作：《影響力》等。

矛盾的人，有可能被認為是優柔寡斷、是非不分、兩面三刀。
而前後一致則是與理性、堅定、誠實連繫在一起。因此，當我
們在面對日常生活的各種關係中，伴侶、家人、朋友、上司、
同事等做出的承諾沒有兌現時，就會受到前後不一致的困擾，
愧疚感便是這種困擾直接表現出的情緒狀態。正是因為愧疚感
的存在使得我們做出相應的努力，比如尋找補救的機會、向對
方說明原因、表示誠懇的抱歉等等。這樣的補救很多時候會使
得我們的世界變得更加合理，如果我們能夠前後一致地去做事
情，時常能夠得到更好的結果。適當地保持前後一致能幫助我
們在各種人際關係中贏得機會，獲取信任，建立良好的人際關
係，但為什麼很多人卻在愧疚感的驅使身陷各種「情感綁架」
呢？這是因為我們往往把「保持一致」當成了我們為維護各種
親情、友情、愛情、職場關係的必須刻板遵守的心裡契約，由
此而形成了被「情感綁架」的狀態。容易被「情感綁架」的人
通常需要別人大量的肯定才能確立自身的價值。他們總是習慣
性地從消極角度看待自己。比如「我不重要」、「我不好」、「我
沒什麼價值」。在這種心理的驅動下，他們會對自身要求越發
苛刻，達到完美的程度以符合所謂的「別人的標準」。機械地
「保持一致」的人時常習慣於用情緒推理，遵循著「承諾——
兌現」的線性思維模式，卻很少動用理性思考。比如，他們很
少會評估沒有兌現的承諾給別人和自身所帶來的損失，承諾兌

現意義何在？注意力停留在此的價值嗎？是否有更好的解決辦法？

　　要記住，未經我們的允許，誰都不能傷害我們，而如果你感覺到了受傷，那一定是你在某種程度上縱容了那個無意或有意傷害你的個人或群體，對那些無意的傷害，我們可以選擇原諒，而對那些有意甚至是蓄謀的情感綁架和傷害，我們在第一次意識到的時候後，就一定要告別和遠離，只有這樣，你才會真正的從各種以愛為名義的情感綁架中抽離出來，讓自己處在健康和諧的狀態，自尊自愛，並最終獲得與自我的和解，收穫安寧、從容和健康。

天晴的時候晒太陽，天陰的時候喝奶茶
——與生活萬物和解的智慧

▍適度缺席與留白的智慧

　　留白是中國藝術作品創作中常用的一種手法，它是指書畫藝術創作中為使整個作品畫面、章法更為協調精美而有意留下的相應的空白，也是留下一定的想像空間。比如我們看南宋畫家馬遠[21]的〈寒江獨釣圖〉，整幅畫面中有大面積的留白，我們看到的是幅極簡的畫面，一頁扁舟之上，一位瘦弱的漁夫蜷縮著身子，手持釣竿，在空無一人的江面上垂釣，江水的表達僅僅用了幾筆簡單的水波線條勾勒出來，但大面積的留白卻給了我們無盡的想像，成了煙波浩淼的江面，漁夫蜷縮的身子傳遞出了江面上的寒冷，整幅畫恰到好處的表現出了「千山鳥飛絕，萬徑人蹤滅，孤舟蓑笠翁，獨釣寒江雪」的意境，讓我們體會到老翁那離群索居的孤獨同時，也體會到了他內心的那份清高。因為中國國畫裡的隱居者在當時往往是對時下社風失望的學士官員，如寫下「採菊東籬下，悠然見南山」的陶淵明，吟出「竹外桃花三兩枝，春江水暖鴨先知」的蘇東坡。而馬遠對這種意境的傳遞也是憑藉著留白的藝術實現的，讓這幅名畫有著深遠的意境同時，賦予了它巨大的價值。試想下，如果馬遠沒有給這幅畫以大面積的留白，而是將山水樹林鋪滿了畫面，這幅畫還會有如此深的意境嗎？

21　馬遠（1160-1225），字遙父，號欽山，南宋傑出畫家。原籍河中（今山西永濟附近），僑寓錢塘（今浙江杭州）。馬遠擅長山水畫，繼承和發展了北派山水的畫風，能自出新意，下筆遒勁嚴整，設色清潤。

　　同樣，在與自我和解的路上，懂得為生活的畫面留白，懂得在人與人交往的過程適度的缺席也是一種智慧。見人只說三分話，從正面的積極意義去理解就是在與他人的交流過程中對語言的留白，如果說話的時候，不考慮對方的感受，想到哪說到哪，想什麼說什麼，往往會傷害對方，而如果在未了解對方的前提下，說了很多關於自己的話，又容易被對方傷害，語言中的留白就是不要將話說的太滿，為他人留有餘地，為自己留有空間，這也是自古以來中國文化中所謂的茶不斟滿，話不說滿的深意。同樣，在人與人的交往過程中，也需要一定的留白，與朋友相處時，我們不必去為了維護和所有人的關係而隨叫隨到，君子之交淡如水，真正的朋友之間並不是靠情感的綁架或關係的捆綁維護的，而是在關鍵的時刻能夠互相支持和理解；在職場上，懂得適度的留白和缺席一樣重要，公司裡的大小會議我們不必每次都出席，選擇重要和必要的參加以提高工作效率，這是職場裡的留白；生活中，我們更需要懂得留白，一是對生活空間裡的多餘東西的斷、舍、離，為我們居住的環境留白，人在通透、整潔的環境裡不僅會感覺身心舒適，放鬆減壓，還會集中精力，激發自己的創造力，相反，如果生活的空間裡堆滿了不需要的贅物，人就會感覺到壓抑，久而久之對身體健康不利，另一方面留白也是懂得為生活做減法，不要將生活的每時每刻都滿滿的安排上各種事務，這樣既可以讓自身在忙碌後得到充分的休息，也可以讓我們有充分的空餘時間理

清自己的思緒和日常安排，讓自己始終處於從容的狀態。可見，留白和適度的缺席是可以讓我們有更多的時間、空間、餘地去觀看、傾聽、學習和反思，而不是將自己始終陷在被動盲目的跟隨和行動中。適度的留白和缺席讓我們得以清理遺留在我們生命裡，關係裡多餘的人和物，時不時跳出當事人的場景，從旁觀者的角度去審視生活，看到事務事件的全景，進而做出客觀的分析和判斷。顯然，留白和適度的缺席是一種為人出世的人生智慧。

▋生活，小滿清歡正是好

　　小滿是農曆二十四節氣之一。有一書這樣解釋小滿：「四月中，小滿者，物致於此小得盈滿。」這時節，暖風煙柳，綠陰幽草。中國北方地區麥類等夏熟作物籽粒已開始飽滿，但還沒有成熟，約相當乳熟後期，所以叫小滿，而南方地區的農諺賦予小滿以新的寓意：「小滿不滿，乾斷田坎」、「小滿不滿，芒種不管」。用「滿」來形容雨水的盈缺，指出小滿時田裡如果蓄不滿水，就可能造成田坎乾裂，甚至芒種時也無法栽插水稻。可見，滿對於穀物的成長至關重要，決定了一年的播種是否會有好的收成，雨水不足，稻子麥田會因乾旱欠收，雨水太多，又會面臨澇災而亡，而小得盈滿則是剛好的狀態。小滿的雨水充盈而不恣意，恰如其分的滿足。人生亦是如此，懂得與自己和

解的人大都是懂得小滿清歡的道理。

喝茶中的一個禮儀就是斟茶只斟七分滿，一方面是因為茶湯的溫度一般能達到 80 度，以達到還原茶的最佳香氣，如果斟滿茶杯，客人不小心弄灑會有被燙傷的危險，另一方面，可以讓茶湯充分的與空氣接觸氧化，達到最佳的口感。人生亦是如此。太滿的生活忙碌、焦慮，往往令人疲憊不堪，不滿的生活又閒事無聊，鬱鬱寡歡，而小滿則是最好的狀態，一切恰到好處，這也正是文化中不求太足，小滿是福的道理，即我們常說的知足常樂。

小滿的人生並不是消極的人生，而是清欲勤為的智慧人生，是對生活知足感恩的情懷。幾個好友相約在岸邊岩石上垂釣，其中的一個善釣者，先釣上了一條大魚，約三尺來長，落在岸上，翻騰跳不已。垂釣者一言未，解下魚嘴內的釣鉤，順手將魚丟回海中。周圍圍觀的眾人響起一陣驚呼，這麼大的魚猶不能令他滿意，足見釣者的貪心。不久，這位善釣之人魚竿又是一揚，釣上了一條兩尺長的魚，釣者仍是不多看一眼，解下魚鉤，又將這條魚放回河裡。眾人極其不解，很快，善釣者調上了第三條魚，那是一條不到一尺長的小魚。圍觀眾人以為這條魚也將和前兩條大魚一樣，被放回河裡。卻不料善釣者將魚解下後，小心地放進自己的魚簍中。眾人百思不解，遂問善釣者為何捨大魚而留小魚。善釣者回答說：「我家裡最大的盤子，只不過有一尺長，太大的魚釣回去，盤子也裝不下。」這世

間適合自己的才是最好的，與其沉迷在內心的欲望之中，不如知足常樂，保持內心的小滿與純淨，找到最適合自己的道路和方向，方能達到與自己的和解。

懂得小滿清歡的人更懂得謙受益、滿招損的道理。一個心高氣勝的年輕僧人初入寺廟，不僅對同伴言辭不遜，也看不起寺廟的老住持人，某天住持閒來請年輕人喝茶，年輕人坐在那裡一副心高氣傲的樣子，也沒有起身給老住持斟茶的意思，老住持便站起身來親自給年輕僧人倒茶。當茶杯斟滿的時候，老住持也並沒有停下手來繼續向茶杯裡倒茶，茶水傾灑出來。年輕僧人忍不住大叫起來：「茶滿啦！」，老住持這時端起倒滿茶的茶杯，將滿滿的茶湯倒掉繼續斟茶，直至茶杯再次續滿溢出，卻一言不發。年輕僧人剛要大喊，突然間似乎意識到了什麼，撲通跪倒在老住持人的腳下，虔誠的向老住持跪拜。住持這時才開口說到：「年輕人，杯子只有空著的時候才會盛茶，人只有懂得謙虛的時候才會吸收進去更多的智慧，所以，過滿的茶水必須倒掉，過傲的人生需要智慧的了悟」。從此後，年輕僧人靜心專研佛法，終成一代高僧。

晚清時期的曾國潘，沒有超群絕倫的才華，被左宗棠屢屢不留情面地批評「欠才略」，學生李鴻章當面則說他太過「儒緩」。連他自己也常說：「吾生平短於才，秉質愚柔。」在當時的著名人物中，他被認為是最遲鈍愚拙的一位。然而，他的一

生，卻屢建佳績，最後超凡入聖。這一切，正是得益於他「小滿」的智慧，為人處世謙虛低調，分寸尺度掌握得體。在做學問上，他從不自作聰明，亦不投機取巧，別人一目十行，他卻踏踏實實認真勤練，看似愚拙，卻也為後來直通科舉打下了扎實的基礎。在創建湘軍選拔將領上，他不懂得說好聽的大話，只知道講實實在在的真話，因此大獲人心，更是徹底根絕了軍隊裡的油滑習氣。在他的一生中，「天道忌巧，去偽存拙，小滿是福」是他遵循的人生信條，為他贏得了成功的一生。

當今快速發展的商業社會一方面促進了經濟的增長，改善了我們的生活品質，但另一方面，因過於強調經濟的發展忽視文化與文明的建設，這樣的傾向也不斷在激發人們的各種欲望和貪婪，透過各種方式刺激人們的消費，人們對物質和快速消費文化的需求日益激增，忙碌的追求所謂更多、更好的物質生活，卻仍對當下有著諸多的不滿，內心無法滿足，甚至為了追求更大的房子、更好的車子、更多金錢而不惜身心的健康，各類癌症和慢性疾病的患者大幅增加，年輕化。殊不知，當我們的人生本已小滿，卻還要更多的大滿時必然會付出相應的代價，這代價要麼是身心的健康，要麼是對家人疏於照顧，與親朋摯友間的陌生。而小滿清歡，方能讓我們去偽存真，恰當的進行自我評估，並能從紛繁的事務中跳脫出來，靜心反思，珍惜看重所擁有的，把握當下，從容達觀。

生活，小滿清歡正是好。

▌天晴的時候晒太陽，天陰的時候喝奶茶

　　月有陰晴圓缺，天氣亦有陰晴冷暖。正如我們的人生之路，有歡笑唱歌之時，亦有風雨交加的起落時刻，而那些懂得與自我和解的人更懂得天晴的時候去晒太陽，天陰的時候喝杯奶茶。相關研究顯示，天晴的時候晒太陽不僅能充分吸收陽光中的能量，殺菌消毒，促進人體鈣的吸收，而且一天內數小時的陽光照射還可以促進血清素的合成，血清素是一種可以振奮心情，防止人們抑鬱和低落的腦化學成分，而天陰時，喝上一杯熱氣騰騰的奶茶可以去溼防寒，補充能量，其中的甜度也可以讓我們擁有一定的好心情，何樂而不為呢？

　　天晴的時候晒太陽，天陰的時候喝奶茶不僅是一種小資情調，更是一種對生活境況的順勢而為，順境時，低調勤勉，感恩珍惜，逆境時，不卑不亢，蓄勢待發，並懂得利用各種境遇裡的優勢，順勢而動。根雕展上，有人好奇的問根雕大師：「您雕什麼像什麼，每件作品都栩栩如生，您是怎樣做到的呢？」，「恰恰相反，我不是雕什麼像什麼，而是我在得到一塊木料時，先仔細研究它像什麼，像什麼我就雕什麼。」根雕大師說，「原材料像魚，我就把它雕成魚；原材料像虎，我就把它雕成虎。我只是做了一些順勢而為的事罷了。如果不顧材料的原形和原貌，率性而為，想怎麼雕就怎麼雕，想雕什麼就雕什麼，那麼雕出來的作品必定是次品、殘品或廢品。」根雕大師的寥寥

數語，不僅僅道出了根雕藝術的真諦，亦道出了順勢而為的價值。如果我們順應自己的天性，能充分發揮我們天性的優勢，選擇適合我們的專業、職業、伴侶，在少走彎路的同時，還可以調動自己主觀能動性，探尋出適合自己人生之路，收穫幸福和成功。

天晴的時候晒太陽，天陰的時候喝奶茶亦是順境時不驕，逆境時不惱的智慧。宋代大學士蘇東坡是最善於在逆境中順應而動的人，元豐三年（1080 年），他因「烏臺詩案」被貶為黃州團練副使，宋哲宗即位後任翰林學士、侍讀學士、禮部尚書等職，並出知杭州、潁州、揚州、定州等地，晚年因新黨執政被貶惠州、儋州。然而，在數次被貶，生活困頓中的蘇軾並沒有沉淪，亦沒有被政敵的迫害打倒，相反，一方面，他憑藉著他天賦才華最終成為北宋中期文壇領袖，在詩、詞、散文、書、畫等方面取得很高成就。他文縱橫恣肆，詩題材廣闊，清新豪健，善用誇張比喻，獨具風格，與黃庭堅並稱「蘇黃」；詞開豪放一派，與辛棄疾同是豪放派代表，並稱「蘇辛」；他散文著述宏富，豪放自如，與歐陽修並稱「歐蘇」，為「唐宋八大家」之一。蘇軾還善書，「宋四家」之一；擅長文人畫，尤擅墨竹、怪石、枯木等，另一方面，憑藉著他家國天下的情懷，高超的治理水準率眾疏浚西湖，動用民工 20 餘萬，開除葑田，恢復舊觀，並在湖水最深處建立三塔，現今被人稱為三潭映月。他把

挖出的淤泥集中起來，築成一條縱貫西湖的長堤，堤有 6 橋相接，以便行人，後人名之曰「蘇公堤」，簡稱「蘇堤」。蘇堤在春天的清晨，煙柳籠紗，波光樹影，鳥鳴鶯啼，是著名的西湖十景之一「蘇堤春曉」，至今回饋後人。在物質匱乏的日子裡，生性樂觀，心胸豁達，隨欲而安的蘇軾自己種田，沽酒約朋，詩詞歌賦，過得好不自在，還發明了流傳至今的東坡肉，為我們樹立了逆境之中順勢而為的榜樣。

懂得天晴的時候晒太陽，天陰的時候喝奶茶的人也是懂得如何與自我和解的人，亦是懂得順勢而為的人，懂得上善若水般的存在。山林裡的水自古以來順勢而下，方聚流成溪，且包容滋潤萬物，利萬物而不爭，終得以匯成江河湖海。樹順勢而為成林，石順勢而為成岩，人生不論逆境、順境，在困頓低谷時安靜積蓄，在一帆風順時驚醒，就能掌握好人生之舟的方向，順流時加快行進的步伐，逆流時迎風飛揚，收穫成長。

記得，天晴的時候，在忙碌中抽出些空閒坐在陽光裡看鳥語花香，晒晒太陽。天陰的時候，去買杯熱熱的奶茶，喝光它後，元氣滿滿的奔赴人生海海的下一場。

▌在旅行中擁抱最好的自己

人很多時候與其他動物一樣，需要在流動中感受生命的律動，在獨自與大自然的對話中與自我和解，這也是為什麼在緊張、喧囂的日常生活、工作之餘，我們總想來一場說走就走的旅行，因為，任何一次或長或短的旅行都可以讓我們暫時告別熟悉的人群與環境，告別眼前一切的煩惱、壓力和焦慮，暫時從中抽離出來，透過擁抱令一個嚮往已久的地方獲得全身心的治癒。

在艾倫·狄波頓[22]的筆下，旅行是一種慰藉。飛機出行給我們帶來的是如此廣闊的全域觀思維。飛機的起飛為我們的心靈帶來愉悅，因為飛機急速的上升是實現人生傳記的極佳象徵。飛機呈顯的力量能激勵我們聯想到人生中類似的、決定性的轉機；它讓我們想像自己終有一天能奮力攀升，擺脫現實中赫然迫近的人生困厄。我們的生活是如此狹隘，就像井底之蛙；我們生活在那個世界裡，但我們幾乎從未像老鷹和上帝那樣睹其全貌；雲端之上，雲朵帶來的是一種寧靜。在我們的下面，是我們恐懼和悲傷之所，那裡有我們的敵人和同仁，而現在，他們都在地面上，微不足道，也無足輕重。

22　艾倫·狄波頓（Alain de Botton, 1969- ），出生於瑞士蘇黎世、畢業於劍橋大學歷史系，獲倫敦大學哲學碩士，居住在英國的作家、電視節目主持及製作人。通曉英、法、德、西班牙、拉丁數種語言，他的著作及所製作的電視節目慣以哲學角度，代表作：《愛情筆記》、《旅行的慰藉》、《擁抱似水年華》、《身分的焦慮》和《幸福建築》等都創出了最暢銷書籍的佳績。

在李斯特的古典鋼琴曲中，旅行是一個人心靈的朝聖。李斯特是 19 世紀末匈牙利著名的鋼琴家，浪漫主義傑出人物的代表。1837 年的他正值創作中的年富力強，也是他需要突破的階段，同時，他愛上了瑪利達古伯爵夫人，兩人不顧世俗的反對墜入愛河，面對事業與愛情的雙重考驗，李斯特踏上了全球巡演之旅，途徑了瑞士、義大利、西班牙、俄羅斯等國家，瑞士優美、義大利的古典、西班牙的熱烈、俄羅斯的廣闊無一不給這位年輕的鋼琴家的創作注入了新的元素與活力，既而創作出了代表作《旅行歲月》，鋼琴組曲沒有絢麗、誇張的絢麗，更多的展現了大自然的透迤和在這段歲月了他心靈的成長，旅行中為他帶來的靈感和熱情也令他在各處的巡演大獲成功，他的音樂為各國聽眾帶去了一場場聽覺的盛宴，他自己也在這次旅行巡演中完成與自我的和解。

在美國「垮掉的一代」的代表作家傑克·凱魯亞克[23]的筆下，旅行是一次渴望自由的流浪，是青春裡無處安放的熱情。他的作品《在路上》既是一部自傳體公路小說，旅途素描，又是三個年輕人的精神成長歷程。小說中的三個年輕人，賽爾是一個追尋靈感，渴望遨遊的年輕作家，迪安·莫里亞蒂則是個風流率性，曾幾進監獄的不安少年，還娶了 16 歲的浪蕩姑娘瑪麗露為妻。然而賽爾十分喜歡迪安充滿熱情的生活，迪安則欽佩

23　傑克·凱魯亞克（Jack Kerouac, 1922-1969），美國小說家、作家、藝術家與詩人，也是垮掉的一代中最有名的作家之一，代表作：《鄉鎮和城市》、《在路上》、《夢之書》、《達摩流浪者》、《地下人》、《孤獨的旅人》和《孤獨天使》等。

賽爾的風度與學識，三個迷戀自由的年輕人結識後，很快便決定拋下原有的日常生活，一同行走在路上。他們一路搭便車，吸大麻，行時高歌，醉時沉思。在穿越美國東西的大道上，放浪形骸，追尋自我，燃燒青春。該小說被譽為是「跨到一代」的聖經，並在 2012 年由導演沃爾特·塞勒斯改編成電影，搬上大銀幕。這部作品之所以成為經典在於它不僅僅是一部公路旅途小說，而在於作者將三個在旅途中的年青人的心路歷程昇華為人類普遍的心路歷程，引起共鳴。

同樣，幾乎囊括了 2018 年奧斯卡全部獎項的《幸福綠皮書》也為我們講述了一段令人深思的故事。在主角唐薛利和東尼的旅途中，旅行是一次不同種族之間的相互理解，友誼共建，彼此的認知、改變和成就。因為夜總會暫時的關閉，在其中工作的白人東尼為了養家糊口急需要找到一份工作，恰好當時著名的黑人音樂家計畫美國的南方巡演需要一個可靠的司機。兩個膚色不同，社會地位不同、經歷、學識不同的人就這樣踏上了去往南方的巡演之旅。當時美國的南方還處在種族歧視非常嚴重的階段，一本《綠皮書》，又被稱為《黑人司機駕駛指南》是當時黑人在南方期間的所到之處生活、居住的規定。身為黑人，不論他的社會地位多高，他都不能進入白人所在的餐廳吃飯，有專門供黑人居住的賓館客棧⋯⋯最初兩個人的旅途充滿的對立、爭吵，不同的價值觀，不同的生活習慣讓他們幾乎無法溝通和交流。漸漸的，學識淵博的唐薛利用他的才華

幫助不識字的東尼給愛妻子寫信，寫一路的見聞和對家的思念，幫助滿身社會習氣的東尼樹立正確的世界觀，讓他學會自尊、自愛，東尼則在唐薛利身陷困境時不離不棄，支持他、鼓勵他、保護他，和唐薛利一起闖過了一次又一次的種族歧視危機，當他得知唐薛利已是當時總統的坐上賓，卻不惜冒著生命危險和被侮辱的境況接受公益巡演，就是想讓南方的美國人對黑人有更深的了解，減少對整個黑人群體的歧視時，更加佩服這位音樂家的勇氣。耶誕節前夜，他們冒著大雪趕回了自家所在的城市，結束了這段歷時 3 個月的旅程，就在東尼和一家人歡聚時內心依舊惦記著孤身一人的唐薛利時，唐薛利出現在他的面前，唐薛利改變了東尼，東尼也改變了唐薛利，他們深情的擁抱在一起，跨越了膚色、種族、地位等一切障礙，成為了一生的摯友。這部影片改自真實的故事，現實生活中的唐薛利和東尼保持了一生的友誼。

不論是我們隻身一人踏上旅途，還是結伴而行，旅途中我們會看到不同以往的風景，認識新的朋友，獲得新的感受，也能體會到一路的艱辛、孤獨、甚至是無助，宛如體驗了一次新的人生。在旅途中，我們還看到了美，正如捷克詩人揚斯卡采爾所說：「詩人不創造詩，詩就在某地背後，它千秋萬歲的等在那裡」，這句話同時也道出了無論是在創作領域之旅，還是在人生之旅，真正的美和感動一直都在，而我們踏上旅途的意義就在於去尋找它、昇華它，更關鍵的是，當我們看到大自然那些

宏偉壯觀的山川大河時，才能感受到自身的渺小，而平日裡那些我們糾結其中的是是非非都會在這壯闊的山河裡化解，當我們再次回歸到現實生活裡的時候，我們已會從更為宏觀、博大的視角去看問題，對周圍裡的一切會有用更開闊的思路、開放的心態去理解，余秋雨在給艾倫·狄波頓的《旅行的慰藉》一書作序時這樣寫到：旅行是萬眾的權利，每人都可以選擇適合自己的方式，但是，不同的文化程度和人生基調，會使同樣的旅途邁出不一樣的腳步。相同的是，每一段旅途都會讓我們在暫時與現實生活中抽離的過程中成長，讓我們直面自己的內心，去與另一個自己對話，讓我們充滿勇氣，直面孤獨，在意識到自身渺小的同時，內心變得充盈而強大，放下過往，完成與自我的和解之旅。

▌小儀式，大確幸

懂得與自己和解的人都懂得在日復一日重複的生活中保留那一份份小小的儀式感。

為生活賦予儀式感，就是使某一天與其他日子不同，使某一刻與其他時刻不同。這是法國著名哲理童話《小王子》教會我們的。比如，我們每年生日時的蛋糕和禮物會讓我們感受到有別於其他任何人，在某一年的某一天某一個時刻，獨一無二的我們在這個世上降臨；母親節的鮮花會讓我們感悟到母親那

無私的愛和奉獻，告訴媽媽我們有多麼愛她；升旗的儀式感會讓我們體會到今日的歲月靜好來之不易，我們在莊嚴的國歌聲裡將歷史銘記並對今日的生活予以感恩和珍惜；供職日慰問卡片會告訴我們在一家公司工作的年限，我們會在回顧自己奮鬥之路的足跡中，收穫自豪和驕傲。

為生活賦予儀式感，是對自己成長的紀念。這一點，我們能從各國保留的成人儀式中可窺一斑：中國的成年儀式就有「冠禮」之說，即在男子二十歲成年這一天舉行加冠的禮儀，從加冠這天起，冠者便被社會承認為已經成年。按中國古代陰陽學說，冠日多選甲子、丙寅吉日，特別以正月為大吉，女子則在十五歲時舉行「笄禮」，也叫加笄，就是由女孩的家長替她把頭髮盤結起，加上一根簪子，改變髮式表示從此結束少女時代，可以嫁人了。德國成人儀式是德國由來已久的一個傳統節日，德國的成人禮不僅有宗教含義，而且還賦予了新的意義，年滿 14 歲的青少年就算是成人。每年的四五月份，全國滿 14 歲的少男少女穿戴一新，由家長、親友陪同集合在當地的文化之家。在充滿節日的氣氛中，地方政府負責人或社會名流首先致辭，講解成人之後對社會所擔負的義務和享受的權利，鼓勵他們遵守社會公德，報效國家。隨後，師長、親友和低年級的小朋友會向他們表示祝賀，並贈送禮物和鮮花。中午，全家聚餐以示慶祝。晚上為他們舉辦舞會，時間還可以破例延長至夜裡 10 點。為了迎接人生中這一重要階段的開始，有關部門一般要

對 8 年級的這些孩子事先做些準備工作，例如讓他們會見各界人士和老工人，安排他們遊覽山川，參觀名勝古跡，參加音樂會等等。在日本，政府規定每年 1 月 15 日為成人節，這一天是日本國民的傳統大節，屆時全國放假，足見國家對成年儀式的重視。這一天，凡滿 20 歲的青年男女都要身穿節日盛裝，到公會堂或區民會館等處參加各級政府為他們舉辦的成人儀式和慶祝活動。成人儀式一般首先由町長或村長致詞，勉勵青年們努力學習、工作，擔負起未來的責任，而後青年們高聲宣誓，決心改掉稚氣，以嚴肅的態度步入成人的行列。接著舉行豐富多彩的慶祝活動。一些男性還結隊進行冬泳，以示勇敢地迎接未來生活的挑戰。日本的成人節源於古代的成人儀禮，而日本古代的成人儀禮是受中國「冠禮」的影響。日本仿的是中國舊禮制，始行加冠制度在天武天皇十一年（西元 683 年）。祕魯少男在成人儀式上須透過的唯一「考試」是從約 8 公尺高的懸崖上跳下，因而膽怯者就永遠不能成為「大人」。儘管每次儀式上都有一些少男在跳崖時被摔得鼻青眼腫，但這種古老的「跳崖禮」至今仍在祕魯盛行。

為生活賦予儀式感，更是對自己一世歲月的尊重。作家林徽因每次在夜間作詩前都要做足儀式感，沐浴焚香、一盞茶、一把琴、一本線裝書。那首著名的《人間四月天》，大概就是在這樣的氛圍中誕生的吧。在電影《第凡內早餐》中的奧黛麗·赫本將早餐吃出了儀式感。每當她感到心緒不平時，就會專程乘

車來到蒂芙尼珠寶店門口。穿上美麗的小黑裙，一邊吃著手中的麵包，一邊目不轉睛地欣賞著蒂芙尼珠寶，隨之感到心安。英國人喝下午茶更是儀式感十足，因為這個習俗最初就是源自於皇家貴族，傳統的茶室禮儀，講究交談聲音要小，瓷器輕拿輕放；飲食男女都需穿上正裝，男士西裝革履，打著領結，女士一席套裙，舉止從容，有人從面前經過時要禮貌地輕輕挪動身姿，報以微笑。伴茶的松餅吃法，是先以刀切開，但是不能切到底，然後用手撕，先塗果醬，再塗奶油。吃完一口，再塗一口。杯中茶喝完後，將茶匙放到茶杯中，表示到此為止，否則主人會不斷續茶的，直到今天，許多英國家庭仍然保持著這一下午茶的儀式感，每天下午在固定的時間，甚至是視窗固定的角度開始喝茶的活動和儀式，幾十年如一日。

　　為生活賦予儀式感，是對至暗時刻的有力回擊。北歐的丹麥和芬蘭，一直以來因為其國家的高福利政策被世界聯合國評為世界上最幸福的國家，但自殺率卻也是最高的，有常被世人戲稱為「Live Life, Die Young ！」，就是「生活幸福，但不幸早逝！」，因為北歐處在地球的高緯度範圍，每年都會經歷一次極晝和極夜的階段，極夜的時候，每天日照的時間不足兩個小時，人們大部分時間是在漫長的黑夜中度過的，而光照的長短對人情緒的影響至關重要，很多人因此患上季節性應激障礙症，為了有效的降低因這個問題導致的情緒崩潰，北歐人在長期的生活中提出HYGGE 的生活模式，這種模式注重生活的儀式感，在極晝或極

夜的季節到來之前，人們儲備好足夠的物質，而當至明至暗的時刻到來時，北歐人會盡量停留在室內和家人們相守，點燃大量的蠟燭，享受家人在一起的美好時光，據說這也是為什麼北歐在家具設計上獨樹一幟的原因，因為人們需要長期的居家共處，自然舒適而養眼的家具更受歡迎，事實證明，北歐人透過儀式感應對大自然給人類提出的挑戰收到了很好的效果，那裡的人們普遍為自己生活在世界上幸福指數最高的國家中而倍感驕傲和自豪。

每個小小的儀式背後都蘊藏著大大的幸福。它讓一個尋常的時刻不再尋常，讓一個尋常的日子有暖有愛亦有光，讓一個人感覺到自己的價值和特別之處，每個小小的儀式後都能讓我們感受到與自我和解的力量，尊重感恩過往，在未來的日常裡注入更多的希望。

▌生活的藝術，藝術的生活

1990 年代開始，歐美開始宣導一種新興的樂活生活型態，樂活來自英文音譯 LOHAS，是英語 Lifestyles of Health and Sustainability 的縮寫，意為以健康及自給自足的方式生活，它的核心理念是「健康、快樂、環保、可持續」。這種生活模式下的人們既關心自己的健康，也關注著生病著的地球。他們吃健康的食物，穿環保的衣物，騎自行車或步行，喜歡練瑜伽健身，聽心靈音樂，注重個人成長。時至今日，美國每四人中就有一

人是「樂活族」，在歐洲約有三分之一人口屬於「樂活」的忠實粉絲。

可見，當經濟和文明發展到一定程度，簡單、健康、可持續的生活更令人嚮往，因為這種生活模式更為返璞歸真，符合人的本性。同時，人們也更注重對健康身心的滋養，走進音樂廳去聽一場古典音樂會，進到美術館看一次畫展，週末跑去學習書法、繪畫、花藝、烘焙、打高爾夫，種植花園，假期則開著房車到心儀的地方宿營、旅行……藝術、音樂、運動、文娛已經成了當代人生活裡不可或缺的精神食糧。艾倫·狄波頓曾在他的《工作頌歌》中告訴我們偉大的藝術作品有一種令人浮想聯翩的特質。它們會使人關注那些轉瞬即逝的東西，譬如在一個無風、炎熱的夏日下午，一棵橡樹給人帶來涼爽的樹影，或是初秋金棕色的樹葉，或是在火車上瞥見的、憂鬱的灰暗天空襯托下，一棵枝葉光禿的樹所表現出來的堅忍和悲傷。與此同時，繪畫似乎還能夠喚醒某些已被忘卻的心靈中的往事，讓人在冥冥中再度聯想到它們。這些樹或許會驀然喚醒我們未曾說出的訴求，而在夏日天空那一層薄霧中，我們再度看到正值翩翩少年時的自己。而音樂可以陶冶人的情操，撫慰人的靈魂，使人忘記疲勞與煩惱。一首優美的樂曲能使人精神放鬆，心情愉快，令人體大腦得到充分的休息，體力得到適當的調整。音樂還能傳遞人與人之間的情感，引起人與人之間情感上的共鳴，達到心靈上的契合，至於繪畫、運動等都與藝術和音樂有

著異曲同工的作用。

　　很多年以前，作家林語堂寫了一本《生活的藝術》，他在書中談了莊子的淡泊，贊了陶淵明的閒適，以及中國人如何品茗、行酒令、觀山、玩水、看雲、鑑石、養花、蓄鳥、賞雪、聽雨、吟風、弄月……將中國人曠懷達觀，陶情遣興的生活方式和浪漫高雅的東方情調皆訴諸筆端，向世人娓娓道出了一個可供仿效的「東方生活藝術之最高境界」的典範。不難看出，中國人自古以來非常懂得藝術的生活和生活中的藝術。倒是近幾十年，國人因爭先成為商業大潮的弄潮，在商業的大海中追風逐浪，忽視和淡忘了很多自我們的祖先就珍視的生活趣味和藝術，而殊不知，正是這些融於生活的樂趣和藝術才會讓我們疲憊的身心得到放鬆和舒展，實現自我的身心合一，回溯到生命與生活的本質。身為享譽全球的喜劇大師，卓別林一生共拍攝了 79 部影片，無一不擁有著震撼人心的精神力置。一位評論家曾這樣評論他：「當他笑的時候，全世界許多民族和國家跟著他哈哈大笑；當他悲傷的時候，全世界都迴響著悲傷的哭泣聲。他小小的手勢也會那樣輕易地激起人們的感情……他的確稱得上是一位電影魔術師。」而卓別林的一生正如他自己所說：「時間是一個偉大的作者，它會給每個人寫出完美的結局來。」從貧民窟中走出的卓別林，他以無以倫比的幽默詼諧和表演天賦演繹出了人生的點滴，帶給全世界觀眾笑聲的同時，更教會了人們幽默藝術的看待生活的林林種種。卓別林最終走上了世界最

高的舞臺，也讓整個世界看到了他永不熄滅的精神之光。

　　無論是喜劇大師的詼諧幽默，還是對生活藝術的理解和把玩，看似閒適、隨性的生活，卻盛滿著處世與自我和解的智慧，許多樂趣在當下充滿濃厚商業氣息社會的價值觀面前甚至有些玩物尚志，實則恰恰相反，在那些無用的消遣和娛樂中，我們笑談人生，舉重若輕，這本就是大智。人生原本不易，其中會有很多不盡如人意的地方，若能懂得生活本身就是一門藝術，便可以從多個角度去理解和看待生活，在其中融入詼諧和幽默的筆觸，達觀豁達的看待人生的起起落落，這才是我們追求生活藝術與其中樂趣的真諦，也是與自我和解的另一條蹊徑。

▊ 有時候停下來會比一直走下去更快

在快節奏生活的今天，我們常常被工作與生活的潮流裏挾得身不由己的向前趕路，那些原本需要慢下來細品的生活片斷反而變得匆忙而狼狽。比如，慢慢吃飯因為趕時間變成了狼吞虎嚥，本應和父母耐心的聊天因太多的煩心事變成了不耐煩的敷衍，特別是需要慢慢來的教育因講求所謂的成果而變成了千篇一律的揠苗助長……生活似乎正在快速的變得本末倒置。

在一堂瑜伽課上，老師對學生們說：「大家現在將胸挺直，肩膀放鬆，抬起頭，雙眼目視前方堅持 3 分鐘，看看有什麼感覺？」，時間過去一分鐘之後，有的學生回答說：「老師，我感覺很累。」，兩分鐘後，有的學生回答說：「老師，我的肩膀酸痛，要支撐不住了。」三分鐘後，老師問：「大家現在有什麼感受？」，學生們紛紛回答：「很舒服！」老師接下來說：「大家有沒有意識到，在快節奏的生活、工作頻率中，我們漸漸養成了一個不良的姿勢，我們端著肩，頭一直在向前探，這是因為我們的內心焦灼的外在反應，我們總在想著急急忙忙的做下一項工作，去辦下一件事，帶孩子奔向下一個補習班，精神始終得不到自然的放鬆，我們的頭一直探向前，隨時做好了衝出去奔向下一個要忙的事，隨之帶動我們的肩端著而不自知。所以，瑜伽不僅僅是一種運動，它更是一個我們與自己的身體、心靈對話的過程，慢慢治癒我們的身心，最終達到讓我們身心統一，自我和解的狀態」。在

場的學生紛紛點頭、驚嘆，如醍醐灌頂般頓悟，至此之後，幾乎無人缺課。

慢下來的生活是一種生活藝術和智慧，人類很多經典之作，舉世之解都是在慢下來之後的積澱、思考和創作中誕生的。因為在慢下來的生活中，我們才能得以回歸思想和內心的深處，集中所有的智慧和精力專注在當下的生活。正是在慢生活中，林語堂先生才寫出了《生活的藝術》，在這本書裡，林語堂充分展現了中國人的東方閒適哲學，他崇尚「自由和淡泊」以及「智慧而快樂的生活哲學」，以散淡的文字闡述了生活的樂趣，令其成為中國慢生活的經典之作。正是在慢慢的累積和思考中，20 世紀歐洲最偉大的「懶鬼」華特·班雅明[24] 寫下了作品《拱廊街》。他天天無所事事，在街頭閒逛，城市街頭的漫遊開，他說：「藝術家、詩人看似最不潛心工作的時候，往往是他們最潛心其中的時候。」英國知名雜誌主編，專欄和暢銷書作家湯姆·霍奇金森[25] 是《悠遊度日》的作者。1990 年代初開辦了雜誌《有閒人》（*The Idler*），竭力提倡自由懶散的慢生活，反抗西方世界高速運轉的工作文化。

懂得與自己和解的人更懂得暫時的慢下來，這之後卻會走

24　華特·班雅明（Walter Benjamin, 1892-1940），德國哲學家、文化評論者、折衷主義思想家。代表作：〈論歌德選擇性親和力〉、《機械複製時代的藝術作品》、《歷史哲學論綱》等。

25　湯姆·霍奇金森（Tom Hodgkinson, 1968- ），英國作家、出版人。在其出版的書籍和文章中，體現出的哲學是一種輕鬆的生活態度，享受生活中的一切，而不是為想象中的更美好未來而辛勞。

得更快的道理。暫時的慢下來並不是停滯不前，而是讓疲憊的身心從日常快速被消耗的慣性中抽離出來得以休憩和調整。曾有一位職業運動員在賽道上打破過無數的紀錄，是跨欄界的飛人，速度快到無人能及，但生活中的他，卻喜歡慢生活的節奏，他喜歡慢慢吃飯，慢慢生活，享受慢生活的意義，讓自己在慢中獲得高強度、快速度訓練後的治癒與恢復，張弛有度，以更好的狀態投入到下一次的比賽中。這與打拳擊的時候懂得適度的收拳是同樣的道理，收拳讓拳擊手調整戰姿，回收力量，保護自己免受對手重創的同時，能讓自己在下一記重拳時保持最快的出拳速度。

約翰·藍儂（John Lennon）說：「當我們為生活疲於奔命的時候，生活正在離我們而去。」1990 年代的義大利開始宣導「慢食」文化，以美食評論家卡羅·佩屈尼（Carlo Petrini）為首成立了「國際慢餐協會」，它的標識是一隻蝸牛，代表著該文化所宣導的優雅而放慢的高生活品質。慢生活並不單純的指放慢生活的速度，更多的是提示我們不被高速運轉的社會節奏裏挾，是一種健康的生活方式和態度，更是一種與自我和解的智慧與境界，因為只有當我們處在最適合自己的節奏裡時，身心才會處在最為舒展、健康的狀態，遠離各種焦慮、急躁甚至是抑鬱，這種狀態下的生活不僅能獲得高品質的回報，相比那種一頭紮進奔忙大潮中的做法效率更高，效果也更好，進而幫助我們建立起良性的生活節奏體系，處變不驚，從容應變。

願你我都嘗試著放慢生活的腳步，更接近那個最真實、最舒適的自我，不再抓狂於那一地的雞毛，也更接近生活的本質和美好。

▌培養對美、愛與善的感知力

感知力也稱為感受力，是身為動物特別是人所獨有的特性，感知力敏銳的人，對於外界所給予的刺激反應比常人激烈。大藝術家、大哲學家們的感知力通常凌駕與常人之上，他們對美好事物的感知力比常人要強烈很多，同樣，他們對醜惡事物的感知力也比常人強烈。他們的情感之所以豐富，其原因直接來源於他們感知力的極度強烈。對於一個藝術家而言，藝術感知能力就是創作的源泉。同是眼前的景物，內心豐富、感知力強的人便善於引發聯想，借著想像的翅膀可以無限發揮，而對於內心無感之人，思維僅能局限於眼中看到的東西，相比前者，要淺顯許多。可見，對事物感知力的培養是我們發現生命與生活之美，是一個生命個體與不同生命個體和解的關鍵，是我們漫長的人生中需要學習和領會的智慧。

日本醫學博士江本勝從 1994 年開始拍攝水在不同的狀態下結晶的照片，他從世界各地采回不同的水標本後，讓水聽音樂，聽語言，看文字等，然後用相機拍攝下在臨界溫度時水的結晶照片，這項實驗先後進行了十年，透過一張張照片江本勝讓我們相

信水有著自己的感知力。當水聽到讚美、歡喜、善意的聲音、樂符和語言後，會形成異常完美的結晶，而如果聽到了批評、哀傷、惡意的聲音、樂符和語言後，水形成的結晶都很醜陋和怪異。比如，聽了貝多芬的《田園交響曲》後水的結晶美麗工整，而聽了莫札特《第40號交響曲》的水結晶則展現出一種華麗的美；聽了嘶吼狂亂的搖滾樂時，水的結晶就顯得扭曲。江本勝在裝水的瓶壁貼上不同的字或照片讓水「看」，結果不管是哪種語言，看到「謝謝」的水結晶呈現出美麗的六角形，看到「混蛋」或者「煩死了」的水結晶破碎而零散。江本勝透過大量的實驗讓我們相信世上凡有生命力之物都有一定的感知力，這種感知力可以強大到區分出美、醜進而影響生命自身的狀態，那些隨時感受到的美和善意會讓我們趨近良好、完美的狀態，而那些醜和惡意也會令生命的個體支零破碎。因此，如果我們的教育中能有意識的去培育對美和善意的感知力的話，自然我們的生命也會因擅長捕捉到美與和諧而長期得以滋養，且能幫助我們抵禦那些醜和惡意在生命裡的滋生，活出一個生命個體最佳的模樣。

雖然敏銳的感知力大部分來源於先天，但是我們亦可透過後天的鍛鍊和培養，來增強感知力。例如，品讀美文，欣賞音樂，看經典畫作，親近自然，觀察動物、觀看植物……英國詩人齊格弗里德‧沙遜[26]在他的著名詩篇〈於我，過去，現在以及未來〉

26　齊格弗里德‧沙遜（Siegfried Loraine Sassoon，1886-1967），英國詩人、小說家。以反戰詩歌和小說體自傳而著名。第一次世界大戰時在軍中服役，期間寫有尖刻的

中為我們留下了「心有猛虎、細嗅薔薇」的經典之句，而不論我們曾走過哪條路，生命中曾經歷過什麼，到頭來，唯有美、善意和愛才會讓我們最終與自己、與他人、與這個世界和解；無論是怎樣的人，只要心間起了愛意，就會變得很溫柔，躡手躡腳，小心翼翼地去靠近美，生怕驚落了花蕊上的晨露，弄疼了剛出生的嬰兒，辜負了孩子的天真，傷了愛人的心，讓父母孤單，令朋友失望……而只有當一個心靈充滿了善與愛，才會變得柔軟起來，生髮出對世間生命的共情、包容和愛，同樣，一個不斷培養和激發人們對美、愛與善的社會也會充溢更多的溫良、信任和友好，當大到我們的社會，小到一個生命個體都可以在這樣的生活和生態環境中成長發展時，每個生命個體便會都宛如一座大花園裡的花朵植物，生長得自然、和諧、幸福而綻放。

反戰諷刺詩作，如《老獵人》和《反攻》等。半自傳性三部曲《獵狐人回憶錄》、《步兵軍官的回憶》和《謝斯頓的歷程》，緬懷英格蘭鄉村生活，敘述作者參加第一次世界大戰的經歷。詩歌作品還有《詩集》和《通往和平之路》。

結語：溫暖而光亮，堅定且從容

一部書封筆前，似乎不寫個尾篇就沒有寫完這本書。

從動筆時的漫天飛雪到封筆時的百花盛開，霹哩啪拉的鍵盤聲伴著窗外的景緻變化走過數月。這數月裡，疫情還沒有結束，病毒還在繼續變異，而人類也以最快的速度開始大批接種疫苗，世界雖然還沒有完全恢復以往的秩序，但似乎已經讓人類看到了希望。

這場疫情給自大的人類以重創，讓人類疲憊不堪。截止到今天，全球已有 6 億人感染新冠病毒，648 多萬人死亡，在這個人類似乎已經就快到沒有什麼可敬畏的時候，肆虐的疫情開始讓我們敬畏生命、敬畏自然，敬畏我們生活的這個星球；在這個全球因為資源有限而不斷競爭的時代，人類還在唇槍舌戰，為孰是孰非打得不可開交，為利益你爭我奪，圈地屯田的時候，一個小小的病毒輕易就攪亂了人類的世界，讓彷如一臺轟隆隆運轉的機器嘎然而止，讓你來我往的人類各項活動幾乎停擺，迫使我們按下暫停鍵深刻的內省人類自身的問題：「我們從哪裡來？我們是誰？我們要到哪裡去？」為什麼同是自然界裡的生命，其他的物種並沒有遭受到病毒的侵害，百獸無恙、百花綻放，而唯獨我們人類遭到了如此巨大的創傷和重創呢？

每逢寫作累的時候，我便跑去城市一個有良好的生態環境的地方，這地方吸引了不少斑頭雁、綠毛鴨來此棲居。每年開春的時候，大批北歸的候鳥在開花的河面上陸續出現，吸引著城市裡的人群跑去觀看，更有長年追蹤觀察牠們的攝影師、鳥類愛好

者從早到晚的駐守在河邊，日出而至，日落而返，觀察、拍攝和餵養這些野生的飛禽。遠遠望去，波光粼粼的河面上飛鳥濟濟，悠鳴聲聲，在陽光裡遊弋戲水，婀娜多姿，河岸邊聚集著一路眾人，有觀察的、有拍照的、有寫生的、有餵養的、有寫生的，好多人帶著全家來看鳥，與鳥們近距離的親近接觸，而鳥們似乎早已習慣了人們的友好，完全是一幅主人的姿態，引頸高歌。岸邊水裡，總是一片人與自然的和諧場面，令人感動和欣慰，在這個疫情肆虐的冬天，看鳥的人更是有增無減。可見，人們愈加認知到了自然與生命的可貴。在過去幾個世紀裡，人類憑藉著超乎其他物種的聰明才智創造了無數人類的文明，發明了諸如機器、汽車、電腦、社群軟體等劃時代的工具，但也因由人類的貪婪，利用科技的進步對地球資源的大肆開採和掠奪而不斷給這個星球施以傷害和汙染，即使這樣，這個星球依然用它的懷抱無限的包容著我們人類，賜我們陽光、雨露、山川、溪流還有萬物，它依然用它的耐心和慈悲等待著人類 —— 這個星球上最高級的動物，有一天，能恍然大悟，放下殘忍、傲慢、貪婪、自私和狹隘，返璞歸真，敬畏生命。

　　一花一世界，一葉一菩提。大自然早用萬物生靈之美告訴我們：只有當生命個體與自己達成真正和解之時，一個生命才會至真、至美的存在；而也只有當人類與自然萬物和解，和諧共生之時，才會找到長久困擾人類自身問題的答案，亦是人類

走出困境之時。可見，與自己和解不僅僅是生命個體成長的終極目標，亦是人類得以生存繁衍，生生不息的必經之路。

願你我都能早日撥雲見日，與我們的身心和解、與他人和解、與我們所在的群體和解，與這個世界和解，溫暖而光亮，堅定且從容。

官網

國家圖書館出版品預行編目資料

解鎖生命的和解清單：擁抱自我傷痕 × 接納原
生家庭 × 告別病態關係 × 脫離情感綁架，學會
與這個世界和好，走出堅定且從容的人生 / [加]
孔謐 著 . -- 第一版 . -- 臺北市：崧燁文化事業有
限公司 , 2023.07
面；　公分
POD 版
ISBN 978-626-357-449-6(平裝)
1.CST: 自我實現 2.CST: 人生哲學
177.2　　112008991

**解鎖生命的和解清單：擁抱自我傷痕 × 接納
原生家庭 × 告別病態關係 × 脫離情感綁架，
學會與這個世界和好，走出堅定且從容的人生**

臉書

作　　　者：[加] 孔謐
發 行 人：黃振庭
出 版 者：崧燁文化事業有限公司
發 行 者：崧燁文化事業有限公司
E - m a i l：sonbookservice@gmail.com
粉 絲 頁：https://www.facebook.com/sonbookss/
網　　　址：https://sonbook.net/
地　　　址：台北市中正區重慶南路一段六十一號八樓 815 室
Rm. 815, 8F., No.61, Sec. 1, Chongqing S. Rd., Zhongzheng Dist., Taipei City 100, Taiwan
電　　　話：(02)2370-3310　　傳　　　真：(02) 2388-1990
印　　　刷：京峯數位服務有限公司
律師顧問：廣華律師事務所 張珮琦律師

定　　　價：250 元
發行日期：2023 年 07 月第一版
◎本書以 POD 印製